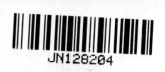

Chief Value Officer
Accountants can save the planet

MERVYN KING
with JILL ATKINS

SDGs・ESGを導く CVO《チーフ・バリュー・オフィサー》

次世代CFOの要件

｜著｜
マーヴィン・キング

｜協力｜
ジル・アトキンス

｜訳・編著｜
KPMGジャパン
統合報告センター・オブ・エクセレンス

東洋経済新報社

CHIEF VALUE OFFICER: Accountants Can Save the Planet
by Mervyn King with Jill Atkins

Authorised translation from the English language edition published by Routledge,
a member of the Taylor & Francis Group

Japanese translation published by arrangement with the Taylor & Francis Group
through The English Agency (Japan) Ltd.

日本語版 はじめに

本翻訳の原著『*Chief Value Officer: Accountants Can Save the Planet*』（会計士は地球を救う）はマーヴィン・キング博士によるものであり，博士は南アフリカが今日の発展に至るに際し，はかりしれないほど大きな貢献をされた方です．さらに博士は，この地球という美しい惑星で協働生活を営む我々に対し，人類が抱える共通の課題に向けて，今もなお高潔な信念と理性を体現し続けておられます．

私は，そのマーヴィン・キング博士の原著を日本語でお届けできる光栄を深く感謝しています．本書はその翻訳に，日本での現状を鑑みて3つの補章を追加し，一冊の本となっています．

さて，現在の地球は気候温暖化や急速な人口増加に伴う環境破壊で危機に瀕しており，この地球で事業活動を営む企業が取るべき行動のあり方や倫理は，これを取り囲む多くのステークホルダーの複雑さと相まって，まさに暗中模索にあるとも言えます．このような中，本書が提示する統合的思考と，それに支えられた統合報告は私たちが進むべき道を指し示す一筋の光とも言えます．

本書は，21世紀の企業活動の中において，統合的思考と統合報告こそが企業の長期的価値創造に最も貢献できることを極めて論理的に説明しており，しかも特筆すべきは，そこに会計プロフェッショナルに対する高い期待が込められていることです．

第12章は「価値創造（と地球の保全）に不可欠な会計士の重大な役割」となっており，そこでは，会計士とは“数字の計算ばかりしている人”ではなく，“価値創造プロセスを企業に確実に存在させるための中枢的な役割”を担う人と記述されています．

そして第14章「会計士（と地球の保全）の研修を変革する」では，

“会計士自身が統合的思考，統合報告，そして，それらと価値創造とのつながりについて精通しないかぎり，真の統合報告書が作成されることはまずないであろう”とまで書かれています．

私は，ながらく公認会計士として多くの企業の方々との深い関わりを持ちながら仕事をしてまいりました．その中で，我々のような「会計」に関わるプロフェッショナルが，社会から期待されている責務を遂行するには，誠実であり続けることは言うまでもなく，関係者との深い信頼関係がその根幹になければならない，と感じています．そのためには，常に，自らの役割を深く自覚し，責任ある行動を取ることに臆さない者であらねばならないと考えています．

本書の原題で付された『*Accountants Can Save the Planet*』を心にとめるとき，我々は，そのような存在であることが期待されているのだと，改めて，自らを振り返っているところです．

そして，私が勤務する監査法人のように，法制度上で一定の業務を独占することが許されているような存在は，この大きな変革の時代の中で自ら変わり続ける努力と勇気ある試みを持続していかなければならないのだと，強く感じています．

本書の刊行にあたっては，青山学院大学名誉教授・首都大学東京特任教授であられる北川哲雄先生に1章を寄稿いただくことができました．また，東洋経済新報社の村瀬裕己氏には，企画の段階から，大変お世話になりました．心からの御礼を申し上げます．

2019年5月

KPMGジャパン CEO
酒井 弘行

日本語版への序文

日本は，過去10年の間，経済的な変化，そしてコーポレートガバナンス改革の最前線にあり続けたと言えます．それは，いち早く統合報告を支持，導入し，そして，21世紀における価値創造のありようを理解する土台となるコーポレートガバナンスコードとスチュワードシップコードが策定されたことにほかなりません．日本の企業や大学が，多様な資本を考慮して価値を創造し，長期的に財務パフォーマンスを向上させてきていることからも明らかです．

多種多様な要素同士のつながりを理解して初めて，安定的で想定可能な範囲での経済的成果は実現できるものなのです．このことを私たちは統合的思考と呼んでいます．統合的思考は，縦割りの組織を打ち崩し，多様な資本――いわゆる社会関係資本，自然資本，財務資本，人的資本，知的資本，製造資本――を縦横して存在するリスクと機会をより適切にとらえ，その変化を見定めることで，これまでの価値の概念を解き放つことができる，世界のあらゆる取締役会や経営層にもたらされる革命です．

価値創造の説明に資するモデルを提供する統合報告と，企業による多様な資本の活用の実態に関わる計測と説明の手法に変革をもたらす統合的思考により，日本は政府と民間のいずれにおいても，よりサステナブルな経済への移行に向けた，国際的なリーダーシップを発揮しています．KPMGジャパンの調査報告で紹介されているように，日本で統合報告に取り組む組織は400を越えていますし，金融庁による開示要請の高度化や，経済産業省が提供する様々なガイドラインは，よりサステナブルな経済への移行を後押しするものとなるはずです．

2019年に開催されたB20[1] サミットにおいても，日本は，国連が提唱

1）Business 20の略称であり，G20参加各国のビジネスリーダーによる会合．2019年のB20サミットは，日本経済団体連合会（経団連）がホストとなり3月に東京で開催された．

する17の持続可能な開発目標（SDGs）の達成におけるビジネスの重要な役割について強調しました．すなわち，限りある天然資源の責任ある消費を促し，その恩恵を将来にわたり維持していくための，民間企業の協調に焦点を当てているのです，

移行の長い旅路（ジャーニー）のあらゆる局面において，会計の専門家は，これまで大きな役割を果たしてきました．日本公認会計士協会やアカウンティングファームは，国際統合報告フレームワークの開発において中心的な役割を担い，日本市場の価値観や商慣習が，この新たな国際的な規範に反映されるよう尽力されました．また，国際統合評議会のグローバルカウンシルメンバーを7年間つとめた東京証券取引所も，熱心に統合報告をサポートしてくださいました．

この先，日本がリーダーとして取り組むべき大きな課題は二つあります．一つは，劇的に変化するメガトレンドやコーポレートガバナンスの進展に後れをとることなく，監査と保証のマーケットを革新していかなければならないという点です．国際会計士連盟（IFAC）や，その他の検討の場において，日本が引き続き意見発信していくことを願っています．二つ目は，統合的思考を合理的にガバナンスと連動させるために，これまでのCFOの役割を発展させ，企業のビジネスモデル，戦略，そして将来のパフォーマンスにインパクトを与える多様かつ相互に関係しあう価値創造の源泉に配慮することです．新たな企業像を体現するチーフ・バリュー・オフィサー（CVO）は，将来の業績を多面的に監視し，事業と社会と環境の関係性について，投資家や他の主要なステークホルダーが理解できるよう努め，対話の質と信頼を高めていくでしょう．

これが，本書のタイトルを「チーフ・バリュー・オフィサー」（日本語版書名は『SDGs・ESGを導くCVO――次世代CFOの要件』）とした理由です．本書を日本の皆様にお読みいただけることを，私も共著者も大変光栄に感じています．日本の皆様のリーダーシップは，すでに次世代のビジネスリーダーたちのインスピレーションとなっています．本書が，

偉大で素晴らしい日本経済の根幹をなすイノベーションに導かれた未来において，新たな明るい展望へとつながることを願っています．

2019年4月

マーヴィン・キング

日本語版 刊行にあたって

本書は，国際統合報告評議会（IIRC）カウンシル議長の役割を設立時から担われ，現在は同カウンシルの名誉議長であるマーヴィン・キング博士の著作『*Chief Value Officer: Accountants Can Save the Planet*』の翻訳に，日本の実情を踏まえた補章を追加したものです．キング博士は，IIRC設立に深く関わり，その職責において名高いだけでなく，南アフリカの発展を支える経済的土台の論理的な枠組みを提起し，実現を推進し続けてきた方であり，世界中の関係者から深い敬意がはらわれています．

私たちは，本書が刊行された2年前から，翻訳版を上梓したいとの思いを持ち続けてきました．いくつもの理由があるのですが，なかでも，現在，日本企業が取り組んでいる様々な施策の進捗とそのありようを見るときに，「統合的思考」の必要性を深く実感しているからです．本書の刊行にあたり，私たちは，本書で展開されている議論が，多くの方々の課題解決に至る道筋に，必ずや貢献できるものである，との思いをさらに強くしています．

コーポレートガバナンスの強化，スチュワードシップ・コードに適合するような投資家との対話の進展，統合報告書の作成等による報告の充実への取組，SDGsやTCFDなど，グローバルで展開するムーヴメントへの対応など，個々の課題に対する社会の関心は高く，企業の担当者のみなさまは「一つとして同じ答えのない」課題に向き合い，多忙をきわめておられようです．

しかしながら，これらのムーヴメントの背後にある課題認識への理解や，期待されている成果と目標についての関係者との共有は，はたして十分でしょうか？　私たちが共通して直面している深刻な課題は，一つの組織の努力だけで解決することが不可能なほど，複雑に絡み合い深化しているのです．キング博士が指摘しておられるように「我々は，より少ないものから多くのものを生み出すことを学ばなければならず，これまで通りに事業を続けるという選択肢はない」のだとすれば，企業は，社会にある限られた資源を活用して価値を提供していくという役割を担うための「一つの機能」としてつなぎ合わされ，響きあうものとして存在していくのではないでしょうか？　だからこそ，個々の企業の個性が活かされることも，また，然りなのであろうと考えます．

「統合的思考」の実践は，解を導き出すための考え方を示すものです．IIRCは「統合的思考」の必要性について指摘はしているものの，実際にはどのように思考を展開していけばよいのでしょうか？　本書は，コーポレートガバナンス，企業報告，そして，価値創造の三つの側面から，歴史的な経緯も含めて，根源的な問いを振り返り，企業における包括的なアプローチを支持し，統合的思考を展開するためのヒントを多く提供しています．

時に，内容は大変抽象的と感じられるかもしれません．もっと「具体的な例がほしい」という感想もあるでしょう．しかしながら，社会科学の多くの事象は，具体的な事例を一般化し抽象化したうえで理論化し，さらに，それを実務に展開するという営みの連続から成り立っています．本書で述べられている事柄の多くを，「抽象的でわからない」ととどめることなく，実際に取り組んでいる課題へと適用していただきたいと考えました．そこで，補章をそれぞれの側面ごとに付すこととしたのです．ぜひ，その二つの「化学反応」から，「統合的思考」に基づく取り組みへと進化するステップの自社にふさわしい「道筋」を見つけて出していただけたら，と思います．

本書の翻訳にあたり，担当者が悩み，留意した事項について記しておきます．内容理解の参考にしていただけたら幸いです．

まず,「Accounting」という言葉があります.通常,この言葉に該当する日本語は,「会計」です.しかし,そう訳してしまうと文脈に齟齬が出てしまう場合が多くありました.AccountingはAccountを変換したものですから,本書の翻訳にあたっては,「Accountを行う」という意味合いとしてとらえ,目的や内容を考察したうえで,言葉を選び,時に補足しつつ対応することとしました.同時に,Accountabilityについても通常の日本語訳「説明責任」を付すことはせずに,そのままカタカナ表記とすることを原則にしています.

次に,「Materiality」です.通例,日本で翻訳されている文書や刊行されているものの多くでは,「重要性」と訳されているようです.しかし,本書においては,「重要性」「重要である」という表現は用いないことにしました.原書でMateriality,あるいは,Materialが使われている場合には,そのままカタカナ表記とし,他書で「重要性」「重要」が日本語として付されることの多い「important」「significant」「critical」等についても,前後の文脈や意味合いを読み解き,別の訳語をあてています.

これは,日本企業の多くの統合報告書を調査している私たちの問題意識に基づきます.
企業の統合的思考の根幹を形成するマテリアリティ,また,マテリアルな課題への分析の記載において,企業価値との結びつきが表現されていないことが多いのです.その結果,企業のビジネスモデルや戦略,施策等に対する説明が論理的でなく,エンゲージメントの質向上にも影響を及ぼしているのでは,と見ています.統合的思考は,現時点の「つながり」だけではなく,過去から現在,現在から未来へのつながり,すなわちストーリーを描くことに貢献するものです.そして,そのストーリーの「重奏低音」の役割を担うものこそが「マテリアリティ」であり,統合的思考で検討した中で,企業価値に影響を持つと判断されるものが「マテリアルな課題」と言えるのではないでしょうか.

次に，あえてカタカナ表記をした言葉に「レスポンシビリティ」があります．通常は「責任」という訳語が使われる言葉ではありますが，本書における「レスポンシビリティ」は，それぞれの主体が果たすべき根源的な役割を深く考察させられる側面で用いられていました．今ある存在としての責任，換言すれば，過去からの歴史を背負い，現在の役割を担い，どう未来につなぐのか，という社会のストーリー，循環の中での役割を自覚，実行することへのコミットメントといったニュアンスをおびています．

日本においては，「企業情報の開示の充実に向けた取り組み」が進行中です．コーポレートガバナンスの改革に続いて，「記述情報の充実」が示されていることは，まさに，本書の構成のとおりです．続く課題は，本書の順番で言えば，これをどう「価値創造」へと結びつけるか，となっていくでしょう．

SDGs実現に向けた施策の中でも指摘されているように，今の社会的課題の解決の主役は企業にほかなりません．企業の価値創造が，社会的課題の解決と一体化していけば，きっと私たちは共通の目標を達成できるでしょう．では，それぞれの組織において推進の役割を担うのは誰なのでしょうか？　企業のリーダーはCEOですが，リーダーがなすべき役割を支え実行の道筋を導く役割としてのCFO，なかでも，その「発展型」としてのCVOがカギであるとの主張が本書では展開されています．そして，様々な事象を定量的／定性的な情報で表して包括的に取り扱い，その実情を把握し，課題解決に貢献する役割を果たしうる存在として，会計的／財務的に高度なスキルを持つ会計士への期待を表しています．私たちは，その提言を強く支持したいと考えています．

かつて会計基準の構築に多くの努力が払われたと同様の，法律等に基づくルールや社会的な仕組みの構築が必要，と主張する方々もおられるでしょう．しかし，たとえ確固とした枠組みがなくても，社会的にプロフェッショナルとしてみなされた存在が，自らのレスポンシビリティを誠実，かつ，謙虚に自任し，具体的な行動に移すことはできるはずです．

キング博士が高い理想と信念，見識のもとに著された本書から，日本語版の編集・訳に関わったすべての者が多くの励ましを受けることができました．深く感謝しています．私たちが抱えている課題はひとりの存在では解決しえないほど深刻なものです．しかし，この混沌とした社会をあきらめることなく，個々をリスペクトしあいながら，次の世代へとつなげていけるよう，努力と研鑽を続けていきたいと決意を新たにしています．

本書を読んでくださった方と，私たちが「どうやって地球を救えるのか」議論させていただける機会のあることを待ち望みつつ．

編著者を代表して
芝坂 佳子

前書き

Foreword

ガバナンスは，もはや広く知られる言葉である．その語源は，ラテン語で「操縦する」を意味するグベルナーレ（gubernare）である．古代の海は，澄みわたっていることが少なく，多くの場合，嵐の中での操舵を余儀なくされたという．これは今日の船員にとっても，大きなチャレンジである．いかなるコンディションの下でも船を航行し，操縦することは，すべての乗務員，貨物や船そのもの，そして船のオーナーと運搬する貨物の売買主，また，船と何らかの影響や関係性を有する者に対する重い責任を伴う．船，そして船とともに航海するあらゆるものの安全は，船長と操縦士の手に委ねられているのである．このアナロジーは，コーポレートガバナンスにも言えるであろう．役員研修は，船長や操縦士のトレーニングと同じく，会社のため，もしくは何かを達成するためだけでなく，株主，従業員，サプライヤー，顧客，債権者，地域住民，自然環境など，企業に関係するあらゆる者の福利のために不可欠である．研修マニュアル，ガイドライン，原則，ベストプラクティスを示すコード，規制，礼儀，倫理的行動は，取締役への適正かつ適切な研修のためであり，航海する船長へのトレーニングに，それらが必要であるのと何ら変わりはない．

本書は，21世紀の取締役，会計専門家，そしてコーポレートガバナンスに関わるすべての人への完全にたる，そして包括的なガイドとなるだけでなく，ミニマムスタンダードをはるかに超越するベストプラクティスのフレームワークを提供するものである．

本書で述べるコンセプトの多くは，南アフリカ共和国のコーポレートガバナンスコードであるキングレポート第1号から第4号に着想を得ている．私見では，キングレポート第1号は革命的であり，そのアプローチと範囲は先鋭的であった．キングレポート第1号が公表された1994

年の時点で，明らかに存在が認められる実践的なコードは英国のキャドバリーコードと，それに付随するキャドバリーレポート（1992年）のみであった．このコードは，本質的には株主中心のものであり，株主アクティビズムや，機関投資家によるエンゲージメントと対話という画期的な要素を，初めてガバナンスの中核に盛り込んだ．しかし，私が大きな期待と喜びをもって完成版を手にしたキングレポート第1号は，それとはまったく異なるものだ．キングレポート第1号は，まさに，ステークホルダーと企業に対するビジネス上の倫理を盛り込んでいた．2002年に発行されたキングレポート第2号は，さらに踏み込んだものであった．私にとって，キングレポート第2号の最も大切な要素の一つは，アカウンタビリティとレスポンシビリティを，以下のように明確に区別した点である．

> 人はアカウンタブルであるときに説明責任を負い，レスポンシブルであるときに説明責任を問われるものである．ガバナンスにおいては，取締役であれば，コモンロー（common law）と企業に対する法令に従いアカウンタブルであり，事業に関連性を有すると識別されたステークホルダーに対してレスポンシブルなのである．すべての法規上のステークホルダーに対してアカウンタビリティを負うというコンセプトは，否定すべきである．なぜなら，取締役にあらゆるステークホルダーへの責任を負わせるならば，結果的に誰に対する責任も負えなくなるからである．現代のアプローチは，株主を含むステークホルダーを取締役が識別し，それらのステークホルダーとの関係性をいかに進展させ，会社の利益に適うよう，いかに管理するかの方針に合意することである．（キング委員会 2002, p. 5）

14年の時を経て公表された2世代あとのキングレポートにおいても，このようなステークホルダーへのレスポンシビリティを中核に据える考え方は，コーポレートガバナンスにおいて，引き続き重みのあるものだ．2009年のキングレポート第3号は，企業のステークホルダーに対する責任ある行動の必要性をさらに強調し，一体的ガバナンス（holistic governance）のコンセプトを導入している．しばしば述べられているとおり，キングレポート第3号の最も意義深い成果は，南アフリカに統合報告を義務づけた点である．本書でも述べられているが，統合報告は，南アフリカ企業の社会的，倫理的な課題や環境問題に関する報告と，それらの要素の統合的思考を通じ，戦略的事業計画に組み込む方法に根本的な変化をもたらした．統合報告は，統合報告を実践する世界中の先進企業に導かれ，あるいはその内容とアプローチに導かれて，すでに世界的に浸透しつつある．

ステークホルダー指向のコンセプトをガバナンスに包含したコーポレートガバナンスの定義の構築へと私を導いてくれたのは，まさにキングレポートである．私自身の定義は，コーポレートガバナンスは，「企業内外の抑制と均衡（checks and balances）」のシステムであり，企業がステークホルダーに対するアカウンタビリティを確実に遂行し，あらゆる事業活動において社会的責任を意識した行動をとるよう促すものである（Solomon, 2013, p. 7）．

たしかに，コーポレートガバナンスのエッセンスは，企業にステークホルダーや自然環境，そして広く社会に対して責任ある行動と，アカウンタビリティ，いや，むしろキング氏が言うところのレスポンシビリティを促すための特定の抑制と均衡（checks and balances），またはメカニズムであろう．私はしばしば，なぜ南アフリカが，真のステークホルダー包括主義的ガバナンスの発祥地となったのだろうかと考えることがある．おそらく，複雑な政治的背景や，壮大な収入格差，貧困，社会的難題や，世界的にも豊かな環境および生物の多様性などに起因するのであろう．しかし，私の結論は，これらのすべての要素の一つひとつと，ある一つの魔法の構成要素が組み合わさったためだと考えている．それは，マーヴィン・キングである．まさに，社会的活動家ともいうべきインスピレーショナルな意見が，変革の役割を果たし，ガバナンスとアカウンタビリティに多くの優れた改革をもたらしたケースである．これは，英国のガバナンスにおけるキャドバリー卿，国連責任投資原則を創設したジェームス・ギフォード氏のケースと並び称されるものであろう．

本書は，株主，ステークホルダー，そして企業に対する価値向上をもたらすと同時に，社会的厚生の向上に寄与するコーポレートガバナンスを実現するために必要不可欠なメカニズムを包括的に紹介する．それが適切に実装されれば，生態系へのダメージが回避でき，まさしく地球を救うことができるのだ．誠実かつ善意をもって，統合報告，統合的思考，実効性あるCVO（チーフ・バリュー・オフィサー），適切なチーフ・ステークホルダー・リレーションズ・オフィサー，そしてコーポレートガバナンスの原則を実践する企業は，高潔な成長，価値創造，ステークホルダー満足度，社会的厚生の向上，適切な環境スチュワードシップのサイクルを作り出すことができるであろう．

統合報告のコンセプトは，会計と報告の機能へのポジティブな変革を意味している．生物多様性や地域社会，従業員の安全や福利厚生，二酸化炭素排出量，生態系などへの影響に関する記述的な（かつ，次第に定量的かつ財務的となる）報告は，完璧に機能する統合報告の根幹となる要素である．統合報告を下支えする統合的思考のプロセスは，これらの課題をマテリアルな財務的課題として，企業戦略に影響を与える要素として，また，価値創造の構成要素として考慮すべきである．これらの関連性の認知と理解を拒む類の企業は，21世紀の社会が進展するにつれ，落ちこぼれていくであろう．本書で議論する新たなコンセプト「絶滅会計（extinction accounting)」は，企業報告，特に統合報告が地球を救うための一つの方法となりうる．これと同様に，チーフ・バリュー・オフィサーおよびチーフ・ステークホルダー・リレーションズ・オフィサーが本書の提案したとおりに実装されれば，それも地球を救うことができる，いや救うであろう．

キング教授のガバナンスへの貢献は，しばしばスキャンダルや非人道的行為，贈収賄，腐敗，従業員の虐待，環境破壊などにより，暗く停滞しがちな企業社会にもたらされた一筋の光である．ガバナンスを船の舵取りであるととらえるならば，本書と本書が提案する頑強かつ広範なフレームワークは，最も危険な海に，明確な道しるべと警告，そしてアドバイスを提供する灯台となり，企業とそのステークホルダーを守ってくれるであろう．会計的な手法による説明は，これまで企業活動に光を当て，それを映し出す手段としてとらえられてきた．本書は，企業活動に光を当てるだけでなく，企業の会計およびアカウンタビリティが，ステークホルダーとの対話を啓発・改善し，レスポンシビリティ，持続性，そして社会的厚生の改善への暖かな光をもたらす手段を提供する．灯台の保全に対する配慮が，船員と船，そして，その航海に関わりを有するすべてのものの安全を確保し，次世代の便益のために自然環境の保全へとつながっていくのである．

シェフィールド大学
ジル・アトキンス

序　文

Prologue

本書の目的は，数多くの提案事項を掘り下げ，なぜそれらが真実であるかの証跡を提供することである．本書ではまず，株主は本当に企業の所有者なのか，という問題を取り上げ，昔ながらの財務理論に反し，それが真実ではないという結論を導く．伝統的かつオーソドックスな株主指向モデルのガバナンスの議論も存在するが，今日の世の中においては，もはや，それが目的適合性を失っているという結論に至る．さらに，取締役が企業の最善の利益を考慮しつつも，企業とその固有性に鑑みてマテリアルなステークホルダーとの継続的な関係性といった企業価値の源泉に，同等の注意を払う責務を果たす「包括的なステークホルダー指向モデル」への変革が必要とされる．本書はまさに，株主優先主義に基づく株主指向モデル，さらには「賢明なる投資家（enlightened shareholder）」との考え方も，持続可能な価値向上につながる企業行動へ変革をもたらすガバナンスのアプローチではないと主張する．地球温暖化により，気候と自然は危機に瀕し，人口問題も脅威となっている．株主指向アプローチでは，これらの地球規模の壊滅的な課題に対処できないのである．会計と財務も，根本的な変革を迫られている．今日の会計専門家は，財務報告基準に則って財務諸表を作成するだけであってはならない．財務専門家は，株主のための利益の極大化から，持続的な価値創造の継続という変化の中で果たすべき役割がある．その役割とは，単なる財務責任者（financial officer）ではなく，価値の責任者（value officer）としてのものである．結果的には，CFO（chief financial officer）は，CVO（chief value officer）として認識されるべきである．このコンセプトは，世界中の企業が，二酸化炭素の排出量ターゲットなど，持続可能性の目標に合致した価値創造を行うために必要不可欠である．

会計の専門家が地球の保全に貢献し，他の専門家をも導くことができるようになるためには，彼らの教育や研修のやり方の劇的な変化を要する．会計の専門家を目指す者の教育や研修は，社会や環境を犠牲にしても株主の利益追求を重視する思考から，持続可能な価値創造を目指す思考への転換が必要なのである．この思考転換には，会計や財務の管理者が統合的思考を実践し，真に統合された報告書をいかに作成するかを学ぶ必要がある．とどのつまり，あらゆる事業戦略と企業レポーティングにおいて，持続的な開発を優先させることにつながる価値創造の源泉と，株主の長期的な最善の利益は，取締役にとって同等の価値を有するのである．

目次

日本語版 はじめに　i
日本語版への序文　iii
日本語版 刊行にあたって　vii
前書き　xiii
序文　xix
略語一覧　xxiv

PART I
The Evolution of the Corporation, Directors' Duties and Corporate Governance

第I部 企業，取締役の責務，コーポレートガバナンスの発展

第1章 企業の発展 …… 003
第2章 所有者のいない「オーナーレス企業」の出現 …… 007
第3章 取締役の責務の進化 …… 013
第4章 ガバナンスの包括的アプローチと排他的アプローチ
——一体的ガバナンスとアカウンタビリティへの動き …… 021

第I部 補章
投資家と企業との新しい関係
——意味共有化のための対話の必要性
北川哲雄

第1節 時間軸のズレとイノベーションの予兆への想像力　029
第2節 取締役会とステークホルダー——企業体理論の復権　035
第3節 強靭な意思と高い見識を持った投資家・アナリストの出現　042
第4節 あるがままを描き出そうとする経営者の開示姿勢　047

PART II
The Dawning
of a New Era of
Corporate Reporting

第II部 企業報告の新しい時代の到来

第5章 財務報告から企業報告へ …… 053
第6章 サステナビリティ報告とIIRCの設立 …… 063
第7章 企業における変革 …… 069
第8章 統合的思考と統合報告書 …… 073
第9章 企業報告の新時代 …… 081

第II部 補章
企業価値向上とコーポレートコミュニケーション
芝坂佳子

第1節 はじめに 095
第2節 情報開示のパラダイムシフト 096
第3節 なぜ，統合報告書を作成するのか 102
第4節 統合報告書に取り組むメリットと企業価値への影響 109
第5節 持続可能な社会を実現するための統合的思考 112
第6節 コーポレートコミュニケーションを支えるもの 114

PART III
Value Creation and the Chief Value Officer

第III部 価値創造とチーフ・バリュー・オフィサー

第10章 価値創造 …… 119
第11章 統合報告のメリット …… 130
第12章 価値創造（と地球の保全）に不可欠な会計士の重大な役割 …… 140
第13章 チーフ・バリュー・オフィサー …… 143
第14章 会計士（と地球の保全）の研修を変革する …… 155

第III部 補章 1
持続可能な資本主義における事業目的と会計機能の再定義
新名谷寛昌

第1節 はじめに 161
第2節 六つの資本による価値創造 162
第3節 持続可能な資本主義における事業の目的と成功 167
第4節 会計に求められる機能 170

第III部 補章 2
持続的な価値創造のマネジメント
新名谷寛昌

第1節 はじめに 173
第2節 戦略策定と資源配分 174
第3節 リスクマネジメント 177
第4節 インタンジブルズの管理 182
第5節 持続可能な資本主義のための会計 186

結論と提言 191
参考文献 193

略語一覧

Abbreviations

略称	正式名称	日本語（参考）
ACCA	Association of Chartered & Certified Accountants	英国勅許公認会計士協会
A4S	The Prince's Accounting for Sustainability	アカウンティング・フォー・サステナビリティ
AICPA	American Institute of Certified Public Accountants	米国公認会計士協会
CDSB	Climate Disclosure Standards Board	気候変動開示基準委員会
CEO	chief executive officer	最高経営責任者
CFO	chief financial officer	最高財務責任者
COO	chief operating officer	最高執行責任者
CSEAR	Centre for Social and Environmental Accounting Research	センター・フォー・ソーシャル・アンド・エンバイロメンタル・アカウンティング・リサーチ
CSR	corporate social responsibility	企業の社会的責任
CSRO	chief stakeholder relations officer	チーフ・ステークホルダー・リレーションズ・オフィサー
CVO	chief value officer	チーフ・バリュー・オフィサー
ESG	environmental, social and governance	環境・社会・ガバナンス
FASB	Financial Accounting Standards Board	米国財務会計基準審議会
GAAP	Generally Accepted Accounting Principles	一般に公正妥当と認められる会計原則
GRI	Global Reporting Initiative	グローバル・レポーティング・イニシアティブ
IASB	International Accounting Standards Board	国際会計基準審議会
ICGN	International Corporate Governance Network	インターナショナル・コーポレートガバナンス・ネットワーク
IFAC	International Federation of Accountants	国際会計士連盟
IFRS	International Financial Reporting Standards	国際財務報告基準
IIRC	International Integrated Reporting Council	国際統合報告評議会

略称	正式名称	日本語（参考）
IMF	International Monetary Fund	国際通貨基金
IOSCO	International Organization of Securities Commissions	証券監督者国際機構
IPO	initial public offering	株式上場
ISAR	Intergovernmental Working Group of Experts on International Standards of Accounting and Reporting	会計と報告の国際基準に関する政府間専門家作業部会
IUCN	International Union for Conservation of Nature	国際自然保護連合
OFR	Operating and Financial Review	経営・財務レビュー
PRI	Principles of Responsible Investment	責任投資原則
SASB	Sustainability Accounting Standards Board	サステナビリティ・アカウンティング・スタンダード審議会
SDGs	Sustainable Development Goals	持続可能な開発目標
SEC	Securities and Exchange Commission	米国証券取引委員会
UN	United Nations	国際連合
UNCBD	United Nations Convention on Biological Diversity	国連 生物の多様性に関する条約
UNCTAD	United Nations Conference on Trade and Development	国連貿易開発会議
UNEPFI	United Nations Environment Programme Finance Initiative	国連環境計画 金融イニシアティブ
WWF	World Wide Fund for Nature (previously the World Wildlife Fund)	世界自然保護基金

第 I 部

The Evolution of the Corporation, Directors' Duties and Corporate Governance

企業，取締役の責務，コーポレートガバナンスの発展

いま，世界で取り組まれているコーポレートガバナンスの実効性とアカウンタビリティの確保を目指すチャレンジを正当に評価するにあたっては，世界規模の企業の進化や，取締役の責務が時間とともに変容し，発展した過程を理解することが大切である．第 I 部では，歴史的観点から企業の進化を検証し，コーポレートガバナンスと企業のオーナーシップ構造がどのように発展してきたのかについて考察する．また，今日の企業が，事実上，いかに特定の所有者を有さない「オーナーレス企業」であるかを検証する．次に，取締役の責務の発展と，21 世紀の取締役が直面する課題について議論する．最後に，包括的ガバナンスとアカウンタビリティの必要性を検討する．

第1章

The Evolution of the Corporation

企業の発展

法人組織化された企業の所有は，17〜18世紀においては特権であった．企業は公益事業として設立されたものの，法人化のプロセスには高額な費用がかかった．その結果，多くの法人化されていない企業が，資本の提供者に対して無限責任を負う形で設立されていた．無限責任という形態は，債権者にとってはプラスであったが，国家の経済発展にはマイナスとなった．なぜならば，資本を提供しうる裕福な一族が，債権者や従業員に対する義務が無限責任である状況下での経営を望まなかったためである．その一方で，法人化されていない企業の従業員は，安全で長期的な雇用のためのポジティブな仕組みとして，無限責任をとらえていた．しかし，19世紀初めには，無限責任が実際には幻想であることが徐々に認識されてきた．株主は，他のステークホルダーの損失に対する支払いの手段を持っていなかったのである．

19世紀の半ばにむけて，世論と政治的議論が，有限責任企業創設への圧力となった．この動きを推進したのは，企業への株式投資より先に，ステークホルダーからの権利主張の制限を望む裕福な中産階級や，雇用を増やし，一国の経済を刺激するために民間事業を成長させたいと考えた政治家たちである．これらの動きが，米国マサチューセッツ州における有限責任企業の設立につながり，1855年にはついに英国でも有限責任法が成立することとなった．有限責任企業の設立に伴い，株主のリスクを限定できるようになったために，取締役は，利益を獲得するためにより多くのリスクテイクができるようになった．しかしこれは，取締役と株主の衝突を引き起こし，株主は取締役へのさらなる支配を求めることとなった．

有限責任企業の株主にとってプラス要因の一つは，会社の負債について一切の責任を負わないことだった．それは同時に，支配する企業の倒産回避のためのインセンティブの低下でもあった．株式が，もはや企業の資産ではないことは受け入れたが，株主と取締役の間には，より大きな隔たりがあった．株主は，企業債務のいずれに対しても責任を負わないかわりに，倒産の際には，他のすべてのステークホルダーの返済要求がまず優先されることを認めた．これにより，資本提供者である株主は，取締役の職務怠慢や過度のリスクテイクの回避を求めるに至ったのである．

その結果，企業に対しては財務情報の開示が要請され，取締役の注意義務・忠実義務・誠実性・スキル・勤勉性に係る義務違反に関しては，取締役を訴える権利が株主に与えられ，株主保護に関する法律が制定された．19世紀後半から20世紀にかけて，事業を行ううえで，企業という媒体の選択がますます増えてきたため，これらの義務はすべて判例法として発展し，株主優位性の概念へとつながった．総体的な株主の最善の利益のために決定を下すことが取締役には要求された．

この有名な実例として，1919年のダッジ兄弟（Dodge Brothers）とフォード・モーター社の米国におけるケースがある．ダッジ兄弟は，フォード社の少数株主であった．ヘンリー・フォードは，従業員により良い賃金を支払うために同社の利益を再投資したいと考えていたが，ダッジ兄弟はこれに反対し，賃金を引き上げる前に株主をより優先し，配当を支払うべきだと主張した．裁判所は，フォードに対し，株主への本来の義務を果たすように促し，従業員の賃金を増やす前に，ダッジ兄弟を含む株主に特別配当を支払うように命じた．株主の優位性と株主の利益のために行動するという概念は，確かに20世紀の最後の四半期の時流には合致していた．この当時，企業の成功を示すものは株価だったからである．

この優位性は，株主が会社の所有者であるという概念を，ほぼ自然に導き出した．しかし，同時に，会社は主権者であり，株主とは別個であることが受け入れられた．これは，「エージェンシー理論」の発展と，コーポレートガバナンスとアカウンタビリティに対する純然たる株主重視アプローチの核となった．

実際，株主と取締役の間の区別，あるいは「分離」という概念に基づく「エージェンシー理論」のコンセプトに関しては，膨大な文献がある．1932年に出版されたバーリとミーンズ（Berle and Means）の独創的な研究が，株主と取締役の分離が当時の米国企業の所有形態の特徴であると特定して以来，エージェンシー理論と株主中心の株主所有モデルが，コーポレートガバナンスの文献において支配的な論説となった．学術研究，特に米国で実施された研究では，コーポレートガバナンスの実効性のあらゆる側面をテストするための基礎として，エージェンシー理論が用いられた[1)]．この結果は，株主の富の最大化と短期的な株主満足が重視され，それが短期主義（長期戦略への関心の欠如）や敵対的買収の急増にもつながった．

実際に株主が企業の真の「所有者」である場合には，少なくともある

1）ロス（Ross, 1973），ジェンセンとメックリング（Jensen and Meckling, 1976）の研究から，この広範な研究の起源を見出すことができる．

程度は，株主に何らかの優先権を与えることは合理的であると思われる．しかし，問題は，株主は所有者なのか，という点である．株主が会社を所有しているという概念が虚構であることは，明らかとなっていくのである．

第2章

The Emergence of the "Ownerless Company"

所有者のいない「オーナーレス企業」の出現

1970年，経済学者のミルトン・フリードマン（Milton Friedman）は次のように述べている．株主は「事業主（owner of the business）」であり，企業幹部の責任は，

「社会の基本原則を順守しながらも，できるだけ多くの財を生み出すデザインに基づいて事業を行うことである．事業の唯一の社会的責任は，ゲームのルールに即した範囲でリソースを使用し，利益増大のために設計された活動に従事することである.」（Friedman, 1970）

故人に対する公平さを欠くことになるかもしれないが，フリードマンの発言の行間を読みとると，「企業は社会の一部ではない」ということを暗黙裡に示しており，真実からは限りなく遠い話である．

今日のその最たる証拠は，数億人に悪影響を及ぼした2008年のリー

マン・ブラザーズ証券の破綻であり，マイクロソフト社やアップル社といった企業の発展がもたらす数十億の人々へのプラスの影響である．企業倒産や倫理違反行為が，会社の年金受給者，従業員，地域社会，納税者や社会のあらゆる面に与える影響を知るために，ロバート・マクスウェル（Robert Maxwell）や，ニック・リーソン（Nick Leeson）をはじめとするエンロン社の上級取締役たちの不正行為，その他の悪名高いコーポレートガバナンスの失敗例を検証する必要がある．

所有権にはある種の属性がある．「物」の所有者には，それを消費し，無駄にし，または破壊する権利がある．今日では，株主は自らの株式をハードコピーではなく電子形式で保有し，一方で，企業は自社の資産と負債に対する主権を有している．株主は，会社のいかなる資産に対しても使用，廃棄または破壊する権利を有していない．株主が一人しか存在しない場合であっても，その株主が会社の倒産時に金銭を持ち去った場合には，裁判所は株主が会社から金銭を奪ったと判断する．株主は会社の資産を所有していないという事実にもかかわらず，株主は複合的で，きわめて価値のある無形の権利を所有している．彼らは企業のビジネスの目的を決めることができる．彼らは取締役を選任し，解任することができる．取締役会が配当を支払うことを決め，会社が配当金を支払える財政状態にある場合には，株主はその配当を受け取る権利を有する．

大規模な証券取引所に上場している企業の株主分析によると，株主の大多数は流通市場で株式を購入していることがわかる．企業が形成され，証券取引所に上場されると，投資家は株式上場（IPO）時に株式を購入する．その資金は会社の資産となる．しばらくして，これらのIPO株主は，他の株主に株式を売却する．流通市場における取引においては，ここの投資家から最初（IPO時）の株主に代金が払い込まれるのであり，会社の資産となることはない．

株主は，企業が期日に債務に対して返済をすることができる，または債務を返済するために容易に換金することができる資産を有している場合には，将来の収益を請求する権利がある．企業の破産時には，会社の他のすべての債権者やステークホルダーの権利が優先されるものの，株主は自らを保護できる．すなわち株主は，他企業の株式へ投資を分散することによって自らを保護できるのである．対照的に，従業員や取締役など，株主以外の他のステークホルダーは，特に企業が倒産した場合には，企業との契約関係において保有するリスクを分散させることはできない．

長い年月を経て，株式保有パターンは大きく変化をしてきた．英国では，1960年代の平均株式保有期間は5年間であったが，2008年になると3カ月となった．エセックス大学のプレム・シッカ（Prem Sikka）会計学担当教授は，コンピュータ化された高頻度取引（HFT）では平均保有期間は22秒であると指摘している（Sikka, 2016）．プレム・シッカは「株主は何を会社に提供するのか」という疑問を提起した．同氏は，ロンドン証券取引所に上場しているいくつかの主要金融機関の資産分析を行い，株主出資額は企業資産の最大でも7%を占めるにすぎないことを示した（表2. 1参照）．その程度の金額は，とても大きな出資金とは言えるものではない．

今日，株主は分散しており，保有期間も一時的である．実際のとこ

表2. 1■株主は何を提供するのか？

企業名		資産額	株主出資額	%
バークレイズ	2014年	£1490,321	£62,957	4.22
HSBCホールディングス	2014年	$2,692,538	$183,129	6.8
ロイズ銀行グループ	2014年	£924,552	£44,684	4.83
ロイヤル・バンク・オブ・スコットランド	2014年	£1,312,295	£70,448	5.37
サンタンデール銀行	2014年	€1,269,628	€84,326	6.64
スタンダード・チャータード	2014年	$636,518	$46,005	7.24

（出所）プレム・シッカ（エセックス大学）による．

ろ，企業はオーナーレスであり，個人と同様に，所有されてはいないのである．ご承知のとおり，（英国の）奴隷制度は180年以前に廃止されている．少なくともこの特徴については，会社は人間のようなものである．

イングランド銀行のチーフ・エコノミストのアンドリュー・ハルデーン（Andrew Haldane）は，2015年の講演で以下のように述べている．

> 「株主は利益のパイのうち，最もリスクの大きい部分を有しているのだ．ゆえに，『所有権』という言葉が株主に対して適用されるのは誤った表現ということになる．彼らは残余資産の請求権所有者の中で，最も『所有』してはいないのである．したがって株式保有と所有権を結びつけることは，実質的にはまったく意味をなさない．株主は企業の残余リスクを抱えつつ，このリスクを広範なポートフォリオを保有することによって，容易に分散ができる．」（Haldane, 2015）

人的資本や社会的資本に分類される者や，資金の貸手，サービスプロバイダーに該当するような他のステークホルダーは，倒産時には株主より優先されることに注目すべきだ．今日，多くの企業は，株式ではなくローンの形式をとる金融資本を有している．銀行によるコベナンツ（誓約条項）は厳格であり，多くの銀行は，担保として主要株主から議決権を移譲するように求める．そのような状況では，株主の最も主要な権利である議決権は，もはやその株主のために存在しないにもかかわらず，一般的には，株主が引き続き企業の所有者と呼ばれるのである．コーネル大学などの米国の大学やプレム・シッカなどの学者は，その執筆の中で，株主が企業を所有しているという神話の「化けの皮」を大々的に暴いてきた．

後に包括的ガバナンスとの関連でも明らかとなるように，国際的な動きは，株主中心のアプローチから離れて，企業の最善の利益のために集団的思考を行い，企業のマテリアルなステークホルダーの合理的かつ正当なニーズ，関心および期待を含む，多様な価値創造の源泉が同等に検討される取締役会へと移ってきている．

多くの国や地域において，株主のみに優位性を置くのではなく，いわゆる「賢明な株主」アプローチが発展してきている．例えば，英国会社法（2006年）では以下のように述べられている．

> 「取締役は，誠実性を持ち，企業の構成員全体の便益のために，企業の成功を促す可能性が最も高いと考えられる方法で行動しなければならない．……中略……しかしながら，従業員，顧客，サプライヤー，そしてより広範なコミュニティなどの幅広い関心についても考慮する必要がある．」

2006年の英国会社法改正につながるプロセスを検証すると，ステークホルダーの考え方と株主の考え方との間に存在する緊張関係に関して，興味深い話が示されている．英国で何年もの議論と協議を経て実施された会社法の再検討は，19世紀の法律が定めた取締役の任務は時代遅れであり，次のミレニアム（千年）の目的に適っていない，という課題認識のもとに始まった．英国における会社法見直しの最初の試みは，ステークホルダーへのアカウンタビリティに焦点を当てたものであり，ガバナンスと会計に，ステークホルダーの視点を真に組み込むアプローチを求めるものだった（例えば貿易産業省の文献を参照．Department of Trade, 2002）．事実，会社法の最終版に組み込まれた最もインパクトの大きい成果の一つは，経営・財務レビュー（OFR：Operating and Financial Review）の義務化であり，これはアニュアルレポートの中に効果的な社会・環境報告を義務づけるものであった．これは，1970年代のコーポレートレポートを除き，社会および環境報告を義務づける最初の試みの一つとなった．最終的な成果である「2006年英国会社法」では，ステークホルダーを全面的に含めるアプローチではなく，「賢明な株主」を前提とするアプローチを通してステークホルダーの利益を考慮している．英国会社法改正の検討過程を経て，産業や検討プロセスに関わった人々の間には，様々な感情が混在していた．2006年英国会社法に導入された「賢明な株主」アプローチに満足している者もいれば，それに失望し，ステークホルダーをよりいっそうガバナンスに取り込む，多元的なアプローチを望む者もいた（例えば，コリソン他による再検討プロセスに関わった人々へのインタビュー結果を参照．Collison, *et al.*, 2011）．しかし，2006年英国会社法は正しい方向への大きな転換を示し，以前の時代遅れのものから大幅に改善されたことは強調しておくべきであろう．

英国だけでなく，その他の国々においても，幅広い関心事に対する，よりいっそうのパブリックアカウンタビリティが求められてきている．ステークホルダーの関与は，今日，世界のコーポレートガバナンスのベストプラクティスの主たる特徴であり，特にそれは南アフリカのコーポレートガバナンスに関する一連の「キングレポート」に組み込まれている．

要約すると，ガバナンスと企業所有の観点からは，人と同様に企業それ自体を所有することはできない，つまり，株主を含むいかなるステークホルダーも所有はしていないということである．

第3章

The Evolution of Directors' Duties

取締役の責務の進化

取締役の責務に関わる判例法は19世紀半ばから発展した．その責務とは，誠実性，忠実義務，注意義務，スキル，勤勉性であると規定された．いくつかの国では，何十年にもわたって発展してきたこれらの判例法上の責務が，会社に関する制定法にも記載されているものの，それらを読んだところで，その内容や背景はよくわからない．制定法に書かれているよりも，はるかに多くの文脈が背景には存在しているのである．ひとたび登記された企業は，その国においては1人の人となる．ただしそれは，一個人のように生きて呼吸をする人ではなく，絶対的に無能力で生命の無い人工の人である．企業は心，感情，魂を持たないが，そこに命を吹き込むのが取締役である．企業の設立時には，出資者は会社の事業を決定し，初代の株主として取締役を任命することになる．

18歳の若者が自動車事故で負傷した時には，神経外科医は若者の家族に対して，身体的には問題なく90歳まで生きられるかもしれないが，事故の影響により，脳に深刻なダメージを受けたまま残りの人生を過ごすことになると助言したとする．すると家族は集まって，若者の残りの人生における後見人を家族の中から任命することになる．同様に，高齢の親が認知症やアルツハイマー病を発症した場合には，裁判所は，親の家計，財産，投資を管理し，また親の福祉と継続的なケアを保証するために，息子もしくは娘を代理人に任命することになる．

誰もが，家族や友人たちから，自分は不幸に見舞われた人の最善の利益のために忠実に行動する後見人である，と思ってほしいことだろう．私たちは能力を失った子や病気の親を犠牲にしてまで，自分自身のために何らかの利益を得ようとはしないだろう．客観的に考えても，我々は，率直に彼らの最大の利益のために尽力するであろう．こういったことが，誠実性と注意義務に意味を与えていくのである．彼らの資産を大切にするであろうし，意思決定に際しては，彼らの利益のために自分の持てるあらゆる能力を活用するであろう．熱心に彼らのニーズ，利益，期待を理解しようとし，彼らのために短期的・中期的・長期的な戦略を策定するであろう．

これはまさに，無能力たる企業における取締役の責務と同じである．企業は，心身に不自由さを抱えたいかなる人より何もできない存在である．若者の場合には，心臓は依然として動いており，宗教的観点からは魂はまだ体に残っていることに比較して，会社のほうがより無力である． 同様に，認知症の人々も，彼ら自身の存在を認識しており，まだ損なわれてはいない魂を（もし我々が信じることを選ぶならば）伴っているのだ． 無能力で人工的な人（企業）は，自分自身の心，感情，魂を持たない．取締役はそれに命を吹き込み，それが心や感情となり，ステークホルダーにおけるレピュテーションと信頼と自信を醸成する．そして，取締役は事業が合法であるように注意を払い，レスポンシビリティ，アカウンタビリティ，公正性，透明性をもって責務を実行し，倫理的かつ効果的に行動する．

取締役は業績を向上させるためにリスクテイクをしなければならない

がゆえに，会社に対する責任の中でも最も生じやすいのは注意義務である．取締役は自らの懸念のために，リスクを避けることはできない．それは会社に対する義務違反である．リスクテイクをし，意思決定を行う際に，不確実な将来の出来事に対処できる予知能力を有する取締役などいない．どのような取締役であっても，時に判断を誤ることはある．取締役が十分な情報に基づき，知性と誠実性をもって行動していれば，株主を含む社会は，それを受け入れる．このような理解があるからこそ，経営判断の原則が策定されるに至り，判例法を持つ国家の多くにおいては，取締役が決定しようとしている事項について十分な情報を有し，個人的な利益を追求せず，その時の状況では後から見てもそれが合理的なビジネス上の決定であった場合には，判断が間違いであったと判明し，企業に損害を及ぼしたとしても，当該取締役は責任追及を免れる，という原則があるのである．

注意義務とは，言い換えれば，取締役は職務に怠慢であってはならないということである．なぜなら，取締役とは，害を及ぼすかもしれないような方向へ会社を導きかねない役割を引き受け，その役割を慎重に実行する道徳的義務を負っているからである．専門的職務を慎重に実行する道徳的義務を負うという点では，医師との違いはない．慎重に行動するために，取締役は経営陣による取締役会の決定事項の執行状況を十分な情報を得ながら監督し，取締役会が有する情報では不足している場合には，さらなる質問をし，その時の事実や状況から判断して，決定が合理的であるということを保証しなければならない．

多くの国や地域で，取締役が注意義務を果たしているかどうかは，特定の状況において，取締役と同等の知識を持つ合理的な人物ならばどう対応したかにより，客観的に判断されるものである．一般的な法の原則のもとでは，誠実な判断による誤りであるならば，通常は問題とはならない．経営判断の原則および注意義務の履行要件に見られるように，取締役は，必ず十分な情報に基づく決定をしなければならないのである．

賢明な株主を前提とするアプローチにおいては，株主以外のステークホルダーの利害が，会社にとって財務的にマテリアルな問題であると理解したうえで，取締役はそれを考慮する必要がある．しかし，会社の事業が天然資源に依存しており，そのビジネスモデルが環境に悪影響を及ぼしていると取締役が理解している，もしくは理解すべきケースにおいては，これで十分なのだろうか．財務的なマテリアリティはきわめて重大ではあるが，影響とインパクトが世界中の社会に及ぶようなグローバル企業の経営には不十分である．なかには金融資産が小国の国内総生産（GDP）と同等規模の大企業もある．企業行動や企業活動の波及効果が広範にわたる場合には，もはや企業を財務的な収益性のみに基づいて経営することはできない．

米国ではおよそ30の州で，また世界でも新世代の企業が，いわゆるBコーポレーションとして登録されている*．これらは，社会や環境に配慮する，株主のための利益最大化を超越した企業である．彼らにフォードのような訴訟は起こされないであろう．なぜなら法律上，Bコーポレーションは，自らの金銭的利益を生み出す方法が，社会や環境にプラスの影響を与えていることを確かめる義務を負っているからである．

後に議論するように，包括的ガバナンスのアプローチを採用した場合には，取締役会は，会社の最善の利益のために意思決定を行う必要があり，それは国際的要件のとおりである．しかし，その意思決定プロセスにおいては，企業の事業にとってマテリアルな，すべてのステークホルダーの合理的かつ正当なニーズ，関心および期待といった価値創造の源泉を考慮する．これは，株主の優位性につながるようなガバナンスの排他的なアプローチとは対照的である．

＊　【訳注】Bコーポレーションは，米国ペンシルバニア州に本拠のある非営利団体のB Labが運営している認証制度である．環境，社会に配慮した事業活動を推進し，アカウンタビリティや透明性などB Labの掲げる基準を満たした企業に付与される．「B」はステークホルダーへの「Benefit（便益）」を意味する．

21世紀のきわめて変容した世界で日常業務を遂行する取締役は，彼らの心，感情，魂に依存する無能力な企業に対する注意義務を怠っているとの議論がしばしばなされる．自然資産が，その自己再生スピードよりも速いペースで使用され，人口増加が続き，資源が枯渇する世界で企業が事業を行っていることを取締役は認識しているし，認識すべきである．結局，我々は，より少ないものから多くのものを生み出すことを学ばなければならず，これまでどおりに事業を続けるという選択肢はないのである．

そのような状況下においては，（伝統的な意味での）財務的側面のみを検討して戦略を思考する取締役は，企業が経済，社会，環境の三つの側面を考慮すべき状況下で活動しているという事実を認識できていないのである．21世紀においては，多くの社会的問題および環境問題は，事実上，財務的な問題であり，これまで言われてきたような非財務的な問題ではないことを認めざるをえない．さらに，社会的および環境的要素は，それが企業に及ぼす財務的影響が明らかに重大ではなくても，環境の悪化または社会的厚生に相当な影響がある場合には，その理由のみをもって，取締役は注意を払うべきであるということがきわめて重大となる．ユニリーバ社などの企業は，四半期報告書の作成をやめ，自社製品が社会に及ぼす影響を戦略に結びつけていると公言している．より最近では，国連で17の持続可能な開発目標（SDGs：Sustainable Development Goals）が採択されると，ユニリーバ社のブランドの多くが，これらの目標を推進するとしている．米国の弁護士であるジョン・モンゴメリー（John Montgomery）は，「取締役が惑星の意識（planetary consciousness）を持つ」ことが求められると記している（Carl and Nguyen, 2012）．ユニリーバ社のCEOポール・ポールマン（Paul Polman）は，ステークホルダーに対して，企業が自身の行動への責任を持つように促すことを呼びかけた．彼は，株主を最優先することが彼に課せられた受託者責任であるとは思っていないとし，ユニリーバ社の目的と戦略は，人々の生活を改善し，事業を確実に持続可能な方法で継続することであるとした．長期的に見れば，そうすることが，最終的には望ましい株主リターンに結びつくとポールマンは結論づけている．2009年という早い段階において，彼は次のように問いかけている．

> 「サプライチェーンにおける社会的コンプライアンスを真剣に考えず，外部性のコストや社会への悪影響を考慮しないような，社会のニーズとずれている企業にあなたは投資しますか？」

論より証拠である．2009年以降のユニリーバ社の業績は，実際に株主に利益をもたらした．それだけではない．マテリアルなステークホルダーの合理的かつ正当なニーズ，関心および期待を含む，価値創造の源泉を考慮するユニリーバ社の長期的戦略の中止を求めるような民事訴訟に勝利している株主がいるだろうか？

いままでどおりに事業を行い，社会や環境に悪影響を及ぼしているにもかかわらず，ビジネスモデルを変える必要がないと考えている取締役がいるならば，長期にわたり会社が損害を与えた場合の，損害賠償請求リスクに，自らをさらしていると考える必要がある．21世紀の変容した世界においては，こうしたアプローチが不可避と言われている．

地球温暖化，気候変動，6度目の生物大量絶滅期を私たちが経験しているという事実，そして発展途上国の貧困や病気，これらはすべて21世紀の現実であり，無視したり，無かったことにすることはできない．また21世紀の企業は，スケールが大きく，対象領域も広いために，カオス的混乱や種の大量絶滅を防ぎ，地球温暖化を防止しうるユニークな立場にある．

株主中心のガバナンスモデルにおいて，取締役は，従業員などの他のステークホルダーを考慮し，会社の最善の利益のためではありつつも，株主全体の便益への注意義務遂行から，様々な不公平な結果をもたらした．1928年創業の英国の大手デパートチェーンであるBHS社の例は，株主中心アプローチの失敗の古典的な事例であり，また人々を啓発するものとなるだろう．要約すると，同社の過半数の株式が2億ポンドで購入され，この株主が同社を支配している間に，減資を行うことによって13億ポンドの配当金を入手したという事例である．数年後，複数の店舗が流動性の問題に直面し，株主は株式を１株当たり１ポンドで新規株主に売却した．およそ１年後，同社は管理下に置かれ，さらに数カ月後には清算手続きに入った．2016年の清算時には1万1,000人の雇用が失われ，同社の年金基金は約5億ポンドの赤字を抱えていた．会社が期日での債務返済に充当できる資産を有しているか，または返済できるだけのキャッシュフローポジションにあったのならば，配当支払いは合法的であり，そこには何の疑念も生まれない．しかし，取締役会が集団的思考に基づいて，企業のマテリアルなステークホルダー（そこには必ず従業員が含まれる）の合理的かつ正当なニーズ，関心および期待を含む価値創造の源泉を考慮していたならば，おそらく配当を表明することはなかったであろう．企業が困難を乗り越える可能性を付与する流動性が奪われてしまったのである．従業員の年金基金が5億ポンドの赤字に陥ることも確実に起こりえなかったであろう．これは，従業員はリスク分散が不可能であるにもかかわらず，その一方で大株主は受け取った配当を投資に回して，間違いなくリスク分散していたことを明らかに示す事例である．

貧弱なガバナンスとステークホルダーに対するレスポンシビリティの欠如が招いた別の痛ましい事例は，2016年に英国で展開されたスポーツダイレクト社の一件である．同社のガバナンスの機能不全に対する懸念が株主による積極的行動を引き起こし，スポーツダイレクト社の貧弱なコーポレートガバナンスを激しく批判していた二つの主要な投資機関，リーガル・アンド・ジェネラル・インベストメント・マネジメント社とアバディーン・アセット・マネジメント社が立ち上がった．それは，小売グループの労働慣行に関する第三者調査と，コーポレートガバナンスに関するより幅広い第三者調査を要求するものであり，労働組合の支持も得ていた．従業員の賃金は，事実上，英国の最低賃金よりも下回り，労働慣行について深刻な懸念があり，英国最大の労働組合も，雇用契約と処遇の大幅な改善を求めている（Butler and Kollewe, 2016）．コーポレートガバナンスのベストプラクティスであるコードに従うことにコミットした21世紀の企業が，すべてのステークホルダー（この場合は従業員）を公平に扱わないことなど，受け入れられるはずはない．

無能力な企業の最善の利益のために取締役が職務を遂行するには，価値創造の源泉を，同等かつ総合的に考慮すべきことは明らかである．これは，排他的な株主重視モデルではなく，ガバナンスの包括的アプローチである．一体的ガバナンスは，社会的厚生の向上と自然に対する適切なスチュワードシップにつながる唯一のアプローチなのである．

第4章

Exclusive and Inclusive Approaches to Governance

ガバナンスの包括的アプローチと排他的アプローチ

一体的ガバナンスとアカウンタビリティへの動き

コーポレートガバナンスにおける株主の優位性とは，取締役が株主全体の最善の利益のために行動する義務を負うとみなされていることを意味する．様々な種類の株主がいる中で，それはいかなる種類の株主も含むのか，一部の株主を除外するのか，株主全体を意味するのか，ローンの担保として株主の議決権を譲渡され，配当金を受け取る権利を有する債権者は含まれるのか．これらのいずれもが株主の権利である．

株主は，多くのステークホルダーのうちの1グループである．ステークホルダーとは，会社に影響を与えたり，会社の影響を受けたりする人々のことである[1)]．取締役，経営陣，従業員，債権者，サービスプロバイダー，操業地域のコミュニティなど，企業の内外には主要なステークホルダーだけでも多数存在している．事業の性質によっては，規制当

1）ステークホルダーとコーポレートガバナンスにおけるステークホルダーの役割に関する初期の議論の一つは，「ステークホルダー理論」の発展をもたらしたフリーマンの研究であった（Freeman, 1984）．

局がステークホルダーとなることもある．すでに指摘したとおり，株主は，他の企業に投資することによってリスクを分散させることができるため，従業員のような他のステークホルダーよりも優位な立場にある．従業員はリスクを分散することはできない．最も広義のステークホルダーは，企業の事業運営に影響を受ける人間と人間以外の両方と解釈され，自然環境，動植物，まだ生まれていない将来の世代までもが含まれる（Solomon, 2013）．

ガバナンスの包括的アプローチでは，取締役は会社にとって最善の利益をもたらすために行動することを求められるが，そのためには企業のマテリアルなステークホルダーの合理的かつ正当なニーズ，関心および期待を含む価値創造の源泉を把握する必要がある．同様に，企業はこれらのステークホルダーに対して，期待することを伝える必要がある．当然ながら，人間以外のステークホルダーや将来の世代に対しては，このレベルのアカウンタビリティを示すのは困難であるが，環境や生物種の場合には，野生生物に関する非政府組織（NGO）のようなステークホルダーとのコミュニケーションが有効な代替手段となる．ステークホルダーは，顧客，従業員またはサプライヤーなどの組織と契約関係にある当事者と，市民社会，地域社会，NGO，環境などの組織との契約関係を有さない当事者から構成されている．司法や規制当局などの国家もまたステークホルダーの一員である．

ステークホルダーとの関係性はきちんと管理しなければならない．取締役会は，企業の主要なステークホルダーグループが誰であるのか，そして，それらの合理的かつ正当なニーズ，関心および期待が何であるのかを知っておく必要がある．これらの情報なくして，取締役会は経営陣からの戦略に関する提案に対し，不十分な情報に基づく監督機能しか発揮できない．また経営陣は，ステークホルダー（顧客など）のニーズ，関心，企業への期待を知らなければ，情報が不十分な状態で戦略を策定することになる．

ステークホルダーエンゲージメントのプロセスに焦点を当てた学術研究によれば，エンゲージメントは，企業の経営陣によって支配もしくは「占拠」されていない場合にのみ，成功することが示されている．これは，ステークホルダーエンゲージメントが，経営陣とステークホルダーの双方に均等の便益をもたらし，エンゲージメントが事実上の対話であるべきことを意味する．これまで，ステークホルダーエンゲージメントのミーティングやフォーラムは，経営陣の関心事によって支配される傾向にあり，参加者のうちでも，より力のある集団が占拠するという弊害が生じていると研究者は結論づけている．研究者は，ステークホルダーエンゲージメントが適切に機能するためには，「理想的発話状況（ideal speech situation）」のモデルを採用する必要があることを示唆している．理想的発話とは，すべての当事者が同等に発言，傾聴することができ，討論や対話の中でどのグループも「対話」を支配してはならないということである[2)]．これは学術的理論から発展したモデルであるが，企業がステークホルダーとの対話に適用することは極めて有用である．実際，この枠組みは，クラフト社がキャドバリー社を買収する際のステークホルダーエンゲージメントの欠如についての分析に用いられた．そこでは，買収の前後いずれにおいても，従業員とのエンゲージメントの試みがほとんど行われていなかったことが判明している（Barone, *et al.*, 2013）．

21世紀においては，ステークホルダーとの関係性が非常に大切であ

2）「理想的発話状況」の概念は，ドイツの著名な哲学者であるユルゲン・ハーバーマス（Jürgen Habermas）の研究から生まれたもので，彼はその概念を次のように説明している．「結局のところ，すべての参加者が，対話をはじめ，発言，質問，返答し，解釈，主張，説明をしたり，正当性を立証したり反証したりする機会を同等に与えられれば，いかなる先入観や未検証の考えも，議論や批評の対象から除外されることのない対話基盤の構築へと繋がるのである．」（Habermas, 2001, p. 98）．

る．そのため，多くの企業がコーポ―レート・ステークホルダー・リレーションシップ・オフィサー（CSRO）と呼ばれる，新たな「達人」を配置している．CSROの仕事は，ステークホルダーと継続的にコミュニケーションを取り，ステークホルダーの合理的かつ正当なニーズ，関心および期待を把握し，その情報を経営陣に提供することである．その過程をとおして，経営陣は，より十分な情報に基づいて戦略を立案する．取締役会においても，「ステークホルダーとの関係」というアジェンダが毎回設けられ，CSROはそこで，ステークホルダーとの対話の進展状況について報告を行う．

CSROは，ビジネスモデルへのインプットとして企業が使用するすべての資本や資源について，また企業の製品やサービスが生み出すアウトカムについて，統合的思考を適用できる能力を有していなければならない．CSROは，企業が提供する価値や，使用される資源，ビジネスモデル，製品，ステークホルダーとの関係性について，それらの相互依存関係を理解する経験豊かな執行役が担うべきである．CSROは，企業が事業を行ううえで考慮すべき三つの側面（経済，社会，環境）に関する状況を理解し，良好なコミュニケーターかつネットワーカーになる必要がある．取締役会は，企業の事業目的と主たるバリュードライバーが何であるかについて，合意しておくべきである．また，取締役会は，企業文化の対になる，「企業の特徴（corporate characteristics)」についても合意すべきである．企業の特徴は，企業に関連づけられた独自の特性であり，企業市民としての行動がステークホルダーに与える印象から生じるものである．

CSROの責務は，企業とその核となる主要なステークホルダーとの間で継続的かつ対話型の戦略的コミュニケーションにフォーカスすることであり，外部ステークホルダーからのコミュニケーションを組織や経営陣への還流により，経営者がより十分な情報に基づく経営執行を行う手助けをすることである．

ステークホルダーエンゲージメントとCSROの役割は，企業が関連性を有するマテリアルな社会，環境，経済の課題を特定するうえで欠かせないものであり，統合報告へとフィルタリングされるべきである．CSROの活動から得られる便益には，以下のようなものがある．

- 戦略的意思決定の質の改善
- ステークホルダーからのレピュテーションの向上
- 見逃しかねなかったビジネスオポチュニティとリスクの特定
- 持続可能性と競争力を確保するためのビジネスモデルの継続評価
- ビジネスに影響を与えうる社会的資本，環境資本，財務資本，人的資本，製造資本，知的資本に関する課題を特定しうるガバナンス構造を有し，特定した課題の企業戦略への組み込みが確認可能

企業に明白な便益があるのに加えて，適切なステークホルダーエンゲージメントのプロセスと対話をリードできるCSROは，ステークホルダーの様々なグループにも，大きな便益をもたらすはずだ．

CSROの職務には，すべての当事者が平等に発言し，議論に影響を及ぼせる場である「理想的発話（ideal speech）状況」の提供，という点を加えておくべきである．ステークホルダーエンゲージメントの成果は，権力を持った参加者の見方とは独立した，すべての当事者にとって，最善なものとなるべきである．有能なCSROは，真のステークホルダーと包括的な対話を実現することができる．ステークホルダーエンゲージメントは，一体的ガバナンスとステークホルダーに対するレスポンシビリティの中核をなすメカニズムとなる．

取締役会は，事業の主要なステークホルダーを特定し，その合理的かつ正当なニーズ，関心および期待についてCSROから報告を受け，把握しておく必要がある．意思決定プロセスにおいては，それらのニーズ，関心，期待を含む価値創造の源泉を考慮するが，常に企業の最善の利益

に基づいた意思決定が行われる．ゆえに，あるステークホルダーが別のステークホルダーよりも優先される可能性があり，その逆も起こりえる．しかし，重大な点は，意思決定プロセスの開始時には，取締役会は様々な価値創造の源泉を同様に考慮するが，意思決定そのものは，いずれのステークホルダーの利益でもなく，企業の最善の利益に基づいて行うということである．

CSROの役割がどれほど大切かを示す例がある．鉱山業を営む上場企業で，地質学者が金の埋蔵を発見したある地域で採掘を開始した時に，それが地域社会にいかにプラスの影響をもたらすかについて，CSROが地域のコミュニティに対して2年間をかけて説明した例である．コミュニティへの便益は，不動産価値の向上，ビジネスニーズの増加，新たなホテル建設の需要などである．また，金の採掘ができなくなった時の地域再建策も提示した．結果として，こうした類のステークホルダーとの対話，特に鉱山が運営される地域社会との対話が行われていた2年間は，小規模な反対ですら受けることがなかった．このようなステークホルダーとの対話は，企業の活動によって深刻な影響を受けることになる地域社会との信頼関係を構築するうえで不可欠である．さらに，インターネットの即時性とソーシャルメディアの突出性に特徴づけられる現代社会では，企業のレピュテーションを維持向上し，倫理的影響の大きい不祥事やレピュテーションの低下を避けるためには，有害な影響を及ぼしかねない活動に先んじて，ステークホルダーとの対話や交渉を行うことが不可欠である．より理論的な観点からも，このような形式のステークホルダーエンゲージメントは，「理想的発話（ideal speech）」のコンセプトにかなり近いものである．

このアプローチを，2010年にBP社が関与したメキシコ湾沖の石油採掘施設「ディープウォーター・ホライズン」で発生した原油流出事故と比較してほしい．この大規模な原油流出が周辺地域に及ぼした影響は，控えめに見ても，身の毛もよだつほど恐ろしいものであった．広大な海と海洋生物が存在する生態系が破壊され，漁業も荒廃した．企業とそのかかわりの大きいステークホルダー，つまり原油流出の悪影響を受けた地域社会との間には，継続的にも，単発でも，関係性は一切なかったようである． 事故後，BP社は，流出の影響を取り除くために数百万ポンドを費やし，地元住民や自然環境に対する大きなレスポンシビリティを示す行動を行っている．事故が起こる以前に，このレベルの注意が環境や生態系リスクに対して払われ，海上の石油採掘施設に対して警鐘を鳴らしていれば，あらゆる苦痛や社会的・生態的インパクトが回避できていたかもしれない．

21世紀の時代が進むほど，ステークホルダーとの関係性や対話がきわめて大切なものとなり，企業戦略やコーポレートコミュニケーションとの関連性も高まり，企業活動に先んじて実施すべきものとなることには疑いの余地がないのである．

補　　章

投資家と企業との新しい関係

意味共有化のための対話の必要性

北川哲雄
Tetsuo Kitagawa

第1節　時間軸のズレとイノベーションの予兆への想像力

2014年の日本版スチュワードシップコードの設定を契機として，わが国におけるコーポレートガバナンス改革は一気に進んだ．機関投資家による積極的なエンゲージメントと厳しい議決権行使基準の導入によって，企業経営者に対する目は非常に厳しいものになった．この成果として識者に指摘されているのは，概ね以下の5点である．

第1は，取締役構成の変化である．一定の規模以上の上場企業の場合には，社外取締役を複数以上導入することは当然のこととなった．それとともに女性取締役の登用も積極的に行われるようになった．また社外取締役の選任に際しては，独立性の吟味も厳格になってきた．融資の受け入れ先の銀行，取引先からの選任についてはとりわけ厳しいものになった．

第2は，買収防衛策導入企業の大幅な減少である．機関投資家は買収防衛政策の導入に対しては厳しい目を向け始めている．特に経営者側の保身が目的と推定される政策については，ほとんどの機関投資家が反対するようになってきた．

第3は，収益性とりわけ資本収益性（具体的にはROE）向上に対する厳しい監視である．低収益性が一定期間以上継続している企業の経営者の再任に反対することは，今日では珍しいことではなくなっている．

第4は，株式還元・余剰資金等の財務政策に対する厳しい監視である．わが国の上場企業は高度成長期には旺盛な資金調達ニーズがあったが，今日では総体として見るならば資金余剰の状態，すなわち毎年のフリーキャッシュ・フローはプラスの状況が続いている．企業によって貯めこまれた余剰資金（必要手許流動性を上回る金融資産の保持）の株主へのペイバックは進んでいない．こうした状況に対する機関投資家の目も厳しい．その結果，企業の配当性向あるいは総還元性向は上昇してきている．

第5は，株主提案に賛成するケースが散見されるようになったことである．最近は独立系運用会社による非常にリーズナブルな提案（すなわち一般の機関投資家からも賛同を得やすい）が増加してきた．そのような提案に対して，各機関投資家の議決権行使基準に照らして許容できる範囲内のものであれば，賛成をするケースが増えてきた．

これらの結果，一部の企業にとっては緊張を強いられることになった．さすがにROEを毛嫌いする経営者も少なくなってきたようだ．頑として増配に応じなかった企業も，配当性向を引き上げるケースが増えてきた．

それでは，これらの5点がさらに軌道に乗ってきたことに対して，すなわちわが国のコーポレートガバナンスの現状について高評価を与えるべきなのであろうか．とりわけ効果があったのは，第2から第4までの3点にあったと思われる．どのような特性の企業に効果があったかと言えば，株主というステークホルダーをあまりにも軽んじてきた企業およびその経営者に意識改革を強いる効果があった，ということに尽きる．

依然として，過半が特定安定株主によって占められている企業や大手の機関投資家が投資対象としない時価総額の比較的小さな企業の中には，いまだに対岸の火事として振る舞っている企業もないことはない．しかしそれも，ひと頃よりはかなり少なくなってきた．

しかし，これまでの動向はガバナンス改革の緒についたばかりにすぎない．あまりにも軽んじられてきた株主への配慮がやや是正されたとしても，それで理想的なガバナンス体制が築けたとはとうてい言えないからだ．否，むしろコーポレートガバナンスには完成がないと見るべきかもしれない．どのような仕組みをとっても，すぐに綻びが出てくるし，まだまだやるべきことは多々残されている．

コーポレートガバナンスに関連して考慮すべきことは多々ある．そもそも論として，コーポレートガバナンスは何のために必要なのであろうか．

教科書的に言えば，企業という組織体がゴーイングコンサーンである（永続的に繁栄する）ためにあると言ってよいであろう．上記であげた5点はいずれも，そのための具体的な，しかし形式的な処方箋にすぎない．しかも，現代というある時点で浮き彫りにされた問題点に対する処方箋にすぎない．おそらく5年も経てば，こんなことがエンゲージメントの主調音であったのかと機関投資家の多くは苦笑することになることだろう．

さてスチュワードシップコードで想定されている投資家とは，長期投資家であると言われる．短期的視点から長期的視点への移行は，二つのコードのキーワードである．前置きが長くなってしまったが．以下では投資家の投資時間軸の問題を改めて考えてみたい．

長期投資家とは何かということを突き詰めて考えてみると，実はよくわからない．長期的視点で投資する投資家と，長期的視点で経営を行う経営者とのベクトルが一致するならば，両者はWIN-WINの関係にあるという表現を取る識者がいる．筆者もかつては何となくこのような表現を使ってきたことがあるが，いまとなってみると曖昧な表現であったことを反省している．投資家の時間軸は様々であるし，企業経営者の時間軸も様々であるからだ．この点はもう少し解きほぐして考えてみないと，コーポレートガバナンスの問題の本質は見えてこない．

投資家が行うべきことは，株式についてはいつの時代であっても，将来キャッシュフローの予想によって内在価値を測定することである．しかもその予想幅が1年でも違えば，あるいはその他の諸々の条件値（WACC，永久成長率等）が異なれば，まったく異なった結論となる．何だ，そんなことは，当たり前だ，と思われるかもしれないが，改めて確認しなければならない点である．

医薬品アナリストにかつて従事していた筆者の経験からすれば，どれだけ，長く，深く対象となる企業の製品開発能力を評価しうるかが重要である．現役当時は，できれば10年先まで丹念に業績予想モデルを作成してみたいと思っていた（もちろんこの時間軸の感覚はアナリスト個人，あるいは担当するセクターによって大きく異なることは言うまでもない）．

その際には，当該企業の開発品評価についてのフォーキャスティング（forecasting）を行うことが必至となる．ある開発品目の将来売上げを予測することはもちろん容易ではない．アナリストにとってそのプロセスを誠実に行うことは第一歩となる．

一方，アナリスト時代における苦い経験から，バックキャスティング（backcasting）的な思考法を持たなければならなかったことも痛感する．筆者の理解するバックキャスティング的な思考法とは，もっと純粋にサイエンスの世界の最前線で行われていることについて思いを馳せ想像力を働かせるということである．医薬品に関しては，効果のある「抗がん剤」や「C型肝炎治療薬」が近年では上市されているが，この萌芽は筆者が現役のアナリストであった2005年時点においてもあったとされている．しかし，筆者には不勉強のために把握できていなかった．優秀なアナリストであったならば，おそらくはかなり深い認識をすでにできていた可能性がある．

図1は粗雑な概念図であるが，言いたいことは以下のような点である．サイエンスレベルでは，夢の新薬と言った段階でいったん市場ではもてはやされるが，いったんブームがすぎると，流行ものが廃れるように人気はなくなる．しかし，実際の基礎科学の世界においては研究者によって着実に研究が進み，いつしか再び脚光を浴びるようになる．ここで株価は再び反応するわけであるが，アナリストとして基礎的な分野への観察も怠らないことが企業の長期的価値を見ていくうえでは必要であり，再び脚光を浴びる以前に「評価」をすませておかなければならない．感度の鋭いアナリストであれば，それができたのであろう．

短期から長期への時間軸の調整は，このような感度の鋭いアナリストを擁する投資家を意識して本来は行うべきである．最近勃興し注目を集めているESG投資家は，一見したところでは長期的視点に立ちながら

図1■株式市場とサイエンスの世界のギャップ

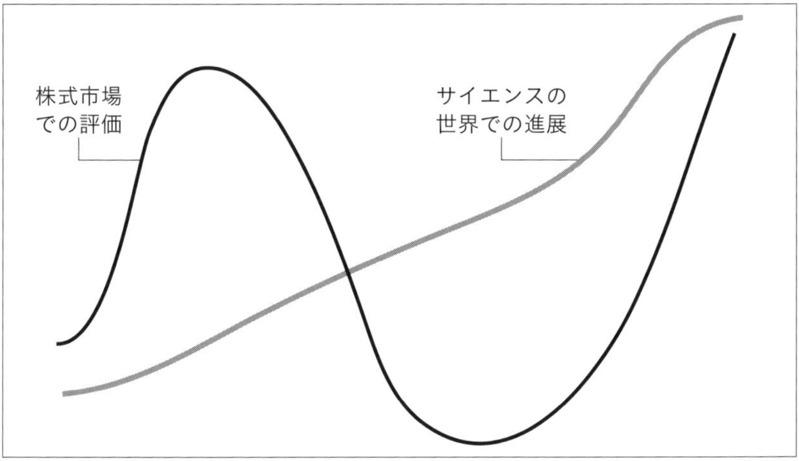

（出所）筆者作成

も，イノベーションの予兆への想像力を持った投資家とは現状ではなりえてはいない．ここまでは範疇に入っていないように思える[1)]．

このことをもってして，ESG投資家を無視してよいというものではもちろんない．GPIF（年金積立金管理運用独立行政法人）のESGインデックス投資導入により，わが国でもESG投資の論議がさかんである．企業から見れば，①制約（環境規制，働き方改革への対応，腐敗防止策の有無），②インパクト（SDGs等の動きへの積極的参画による世界への貢献とビジネス機会の創出），③長期企業価値へのシナジー効果（ダイバーシティへの能動的な取り組みによりイノベーションを促進する，等）の観点から時間軸を長く（10年先あるいは15年先かもしれない）取れば，実は重要な観察項目となる．

しかし，これらはいかに長期的視野で投資を行う機関投資家であっても「業績予想」に織り込むことにはなじまない．当然ではあるが，マイナスおよびプラスの両方の影響がある．多くのアセットオーナーはすでにネガティブスクリーニングは自ら行える状況にある．不祥事データを逐次データベース化する専門機関もある．ESG情報ベンダーの調査結果も，有料ではあるが簡単に手に入る．

となるとESG投資およびESGリサーチ体制の完備を標榜する機関投資家はどのような立場にあるのであろうか．ESG投資およびESGリサーチのあり方，レベルは筆者の見るところ様々であるが，実は大変やっかいな問題を抱えているように思われる．相当に，高範囲で深いリサーチ能力を必要とするからだ．

しかもアセットオーナー，特にユニバーサルオーナーと呼ばれる年金基金サイドからのリクエストに応えることは容易ではない．

巷間，ESG投資は市場インデックスを上回ったか否か，あるいは上

1）期待できるとすると，SDGs（持続可能な開発目標）への企業の取り組みの中にヒントが見出せるかもしれない．SDGsの理解は，バックキャスティング思考が無くしてはできないからだ．

回る可能性があるか否かについては様々な論議がある．ESG運用商品がどのように組成されているかが十分に検証されないままに，ファイナンス分野の研究者の関心が高まっているようである．

第3節で詳述するが，ESG評価のみに焦点を当てた投資手法に対しては，高いパフォーマンスに期待することはそもそも意味がないと考えている．株価がESG評価のランキングのみで決定されることはありえないからだ．しかし企業が多様なステークホルダーを念頭に置いて，様々な角度から環境や社会項目におけるサステナビリティを配慮したコーポレートガバナンス・システムを採用することも一方では必要であることを否定するものではない．

これまでの議論をここでまとめてみると以下のようになる．

コーポレートガバナンス改革，ESG投資の普及は猛スピードで進んでいるという印象がある．社会の持続可能性の観点からも，企業のCSR（社会的責任）活動への注視はもちろん重要である．しかし同時に，それらは結果として，投資対象企業の企業価値を向上させるものでなければならない．そして時間軸としては10年あるいは15年を設定することが望ましいとすれば，あるべき投資家像，それに対応した企業経営，情報開示，ガバナンスシステムはどうあるべきかが解明されなければならない．第2節以下では，そのヒントを示したい．

第2節　取締役会とステークホルダー——企業体理論の復権

前節では，企業がイノベーションによるゴーイングコンサーンを念頭に置きつつかつ多様なステークホルダーを意識し様々な角度から環境や社会項目におけるサステナビリティも配慮することができるコーポレートガバナンスシステムを立ち上げることの意義を指摘した．

この点から本節において指摘したいのは，わが国におけるコーポレートガバナンスに関する議論を見ていて痛感するのは「企業観」についての深い探求が欠如していることである．

わが国におけるコーポレートガバナンスコードでは，株主主権というよりもステークホルダーに配慮した経営を促しているように思える．しかし，企業は誰のためにあるのかという論議に対して，正面から答えているわけではない．

企業側の現実の説明も様々である．一般投資家向け説明会では，株主重視の姿勢を強調し，ESG投資家向けには各施策の充実や目標KPIの順調な履行を強調し，従業員向けの社内報には社内福祉の充実とコンプライアンスの徹底を強調している，というように思える．

もちろん，それぞれのステークホルダーに合わせた説明が必要であることは言うまでもない．しかし，たんに八方美人的な振る舞いをしていてはならない．「企業」としての基軸がなければならない．

筆者は大学院の修士課程まで会計学を専攻していたが，その折には，企業を出資者，経営者，債権者などから独立した公共的制度として考える立場から会計上の判断を考える企業体理論（enterprise theory）[2)]に心酔した．

会計学の世界では，50年近く以前には大変話題になったテーマである．コーポレートガバナンスの問題を考えるにあたり，不意にこの分野での議論が脳裏に浮かぶようになってきた．

筆者はこの10年あまり，かつてアナリストとして担当した医薬品業界のCSR（社会的責任）活動を主要課題の一つとして研究してきたが，8年ほど以前に，ある欧州の医薬品企業A社のCSR担当責任者B氏を訪ねた時に，概ね以下のような説明をされたのが印象に残っている．

2）企業体理論については，新井清光『会計公準論』（増補3版，中央経済社，1981年），斎藤雅子「会計主体論の変遷と財務報告」（『大阪産業大学経営論集』2012年10月号，14巻1号，p. 19）を参照のこと．

「我々は医薬品企業の中ではCSRについて先進的企業としての評価を勝ちえているが，それは一日でなしえたものではない．むしろ長い間には苦い経験をいくつか経験している．例えば，当社は米国においてある洗剤メーカーに酵素を供給していたが，1970年前後にそれが子供にアレルギーを引き起こすと一部のグループが主張して，不買運動に発展した．その結果，当社の酵素を扱う工場は閉鎖を余儀なくされ，700人の従業員が職を失った．しかし，数年後にFDA（米国食品医薬品局）の調査の結果，当社の酵素がアレルギーを引き起こしたのではないことが証明された．我々は，社会運動家，従業員および投資家の間の中で冷静さを失い，従業員という大事なステークホルダーに対する大きな信用を失った．ステークホルダー間に緊張が生じることはその後も時折起きた．そういった時に，企業がいかに主体的にステークホルダー間の対立の中で冷静に対処するかが大事だと知らされた．わが社のCSR活動はA社として，そのインテグリティを保ちながら社会的に有意義な存在になり続けるためにあるのである」

これこそが，企業体理論の考え方を適切に表現した考え方であると思う．企業は社会的に尊敬される存在として様々なステークホルダーのニーズを把握しながら，力強く歩む必要がある．株主主権論も従業員主権論も，ましてや経営者主権論も排除されなければならないのである．

下記の図2に掲げたのは，フランスの大手製薬会社であるサノフィ社のアニュアルレポート（*Integrated Report*）に掲載されているステークホルダーとの関係図である．従業員，取引先，ビジネスパートナー，メディア，患者，地域，監督官庁，NGO等が示されている．

これらステークホルダーからの声を聞き，対話を重ねて，長期的な企業価値を向上させるための行動を取ることがサノフィ社の務めであるとしている．そしてサノフィ社は，個々のステークホルダーに対して日頃

図2■サノフィ社のステークホルダー

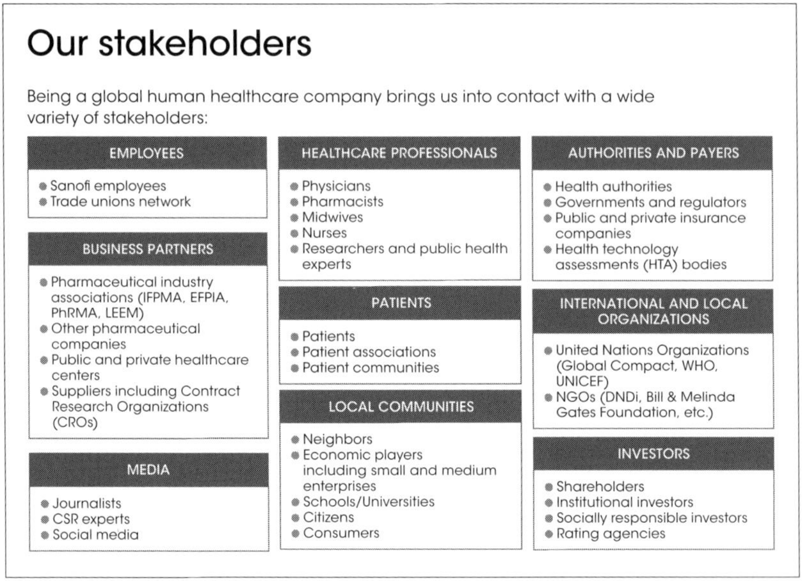

（出所）Sanofi, *2017 Integrated Report*, p. 24.

(day to day activities) から丁寧に情報発信し，自社の考え方を正確に伝えてゆく（engagementという言葉を使用している）ことを記している．サノフィ社の行動はまさに上記の「企業体理論」に沿ってのものである．読者にとっては，そんなこと当たり前のことと思われるかもしれない．CSR活動は多くの企業が行っている．しかしそれぞれが上記に紹介したB氏の考え方に基づいてCSR活動が行われているかと言えば心もとない気がする．

コーポレートガバナンスシステムの中核を担う取締役会は，こうした考え方（企業体理論）に基づいて運営されなければならない．

まず前提にあるのは，企業がどのような理念を持ち，いかなる分野において社会に貢献していくのかが明確にされていることが必要となる．

当然，企業の信条（believe）やミッションが語られる必要がある．それを具現化するためには，優れた企業文化を醸成する必要がある．それらが確立されていて初めて，具体的な戦略が構想されることになる．

取締役会とは，これら信条・文化を着実に進めるための重要な機関ということになる．そこで具体的にGSK社（グラクソ・スミスクライン社）の取締役会に着目してみよう．

2017年度のGSK社のアニュアルレポートを見ると，取締役会は13人の取締役で構成されている．そのうち執行兼務は3名で残り10名は社外取締役である．取締役会議長は社外取締役出身である．取締役会内に五つの委員会がある．監査・リスク（5名），指名（5名），報酬（4名），サイエンス（4名），企業責任（4名）である．すべての委員会の委員・委員長は社外取締役のみで構成されている．すなわち社外取締役がそれぞれの委員会を招集しイニシアティブを取るということであり，それぞれの委員会には委員長の求めで執行役員・関連部署の幹部社員が会議に参加することになっている[3)]．

GSK社の経営理念は，「人々がより健やかに生活しかつ長く生きることに貢献する」ことである．そして企業目標は「イノベーションをもって卓越したパフォーマンスを残しかつ信頼される世界屈指のヘルスケア企業」[4)] になることである．そして取締役会議長は「取締役会は企業目標を達成するためにCEOが立てた戦略を常に見直しそれが企業文化から醸成され親和性を持つものかを吟味する」[5)] としている．

さらにGSK社では取締会のプログラム（議案）の詳細を開示している．そしてそれぞれの議案が三つ（イノベーション，パフォーマンス，信頼）の経営理念の遂行にどのような関係性があるものかも示している．

ここで想定されている取締役会が，いかなる企業観に基づき運営され

3）GSK, *Annual Report*, 2017, p. 110.
4）*Ibid*, p. 2.
5）*Ibid*, p. 80.

ているのかと言えば，企業体理論に基づくものとして考えられる．企業は株主・投資家のためのものではない．独立取締役が主力で占められる取締役会は，優れた企業文化の醸成を旨としつつ，長期的視野に立った経営戦略を的確に遂行できる執行役員（CEO等）を選任する．そのために補完的装置として五つの委員会がある．企業責任委員会は広範なステークホルダーとの協調を考えていないかぎり設置されないであろう．最近改訂された英国のコーポレートガバナンスコードでは，濃厚にその考え方が出てきた．欧州大陸の一部国にある労働者代表の取締役就任すら推奨されている．ちなみに，英国ではFTSE 350社のうちの取締会において議長（chairman）とCEOはほぼ（99％）分離されている．日本でよくあるような，元CEOすなわち会長・相談役が議長に就くケースも筆者の知るかぎりゼロである[6)]．

また投資家側に目を転じると，オーソドックスな長期投資家に加え最近ではESG投資家が勃興しており，投資家自身が広範なステークホルダーに配慮した企業を選好する傾向も出てきている．

話はややそれるが，英国企業の「企業観」を見るうえで財務報告審議会（FRC：Financial Reporting Council）の最近の調査で注目されるのは図3である．

図3は，FTSE 100社にアンケートを取ったものである．取締役会議長に，「企業目標および個人の価値を社会と融合させる，そのことによって長期価値をもたらす原動力」となる「モットー」（普遍的な価値を持つ理念）は何かについて問うたところ，図3にあるような言葉が選ばれた．

非常に抽象度の高い言葉であるが，納得感がある．トップのintegrity

6）この点を筆者はかねてより指摘しているが，なぜか議論としては盛り上がらない．しかしこれを避けたガバナンス・システムの様々な意匠（委員会の構成メンバーに執行側の取締役がいるべきかといった議論）などは，CEOと議長の分離問題に比べれば重要性はかなり低い．

図3■企業理念を表象するキーワード（FTSE 100企業）

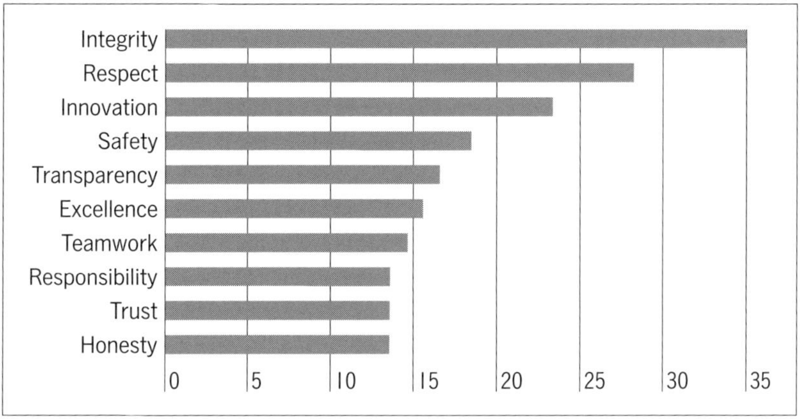

（出所）FRC, *Corporate Culture and the Role of Boards*, 2016, p. 20.

はなかなか翻訳しにくい言葉である．誠実，高潔などの言葉が浮かぶが，筆者は「神あるいは天から与えられた自らの役割を誠実に果たすこと」というのがフィットするのではないか，と思う．経営者が事業を行うことの社会的使命を自覚し堂々と歩む，と言ったらよいであろうか．このような考え方は，日本企業にももちろん深層にはあると思っている．しかし，深層に眠らせておくことなく，表出すべき時ではないか．

もちろん英国企業のコーポレートガバナンスシステムが盤石だと言うつもりはない．長年の経験から精妙なものを創り上げてきたという印象がある．しかし，それでも懸念は残る．

英国では社外取締役，とりわけその頂点に立つ取締役会議長の権限が強くなりすぎる懸念がある．議長がキングメーカーになっては困るし．CEO等の執行側が社外取締役の意向を伺い萎縮してしまう傾向が出てしまうのではないか，ということも恐れる．

そのため，社外取締役の在任期間は最長で9年と今次のコーポレートガバナンス・コードでは定められた．また有力な牽制手段として上記の

GSK社の場合には，SID（Senior Independent Non-Executive Director：筆頭社外取締役）が社外取締役の中から選ばれるが，彼あるいは彼女の大事な役割に「取締役会の自己評価」と「議長の活動の牽制」がある．

またFTSE 350社の場合には，3年に1度は外部の取締役会評価を受けなければならないが，その折に外部の目が入ることになっている．大変辛辣なコメントが掲載されているケースもある．また具体的な提言もされていることもある，

わが国でも取締役会の外部評価を積極的に受ける企業が出てきた．それ自体は歓迎すべき傾向であるが，その評価として「概ね良好である」とか「十分に機能している」とかいう抽象的なコメントのみがアニュアルレポート等に掲載されている．投資家が聞かなくてはならないのはおそらく「概ね」あるいは「十分」とみなした理由である．取締役会評価を評価するのは機関投資家の役割ということになろう．

第3節　強靭な意思と高い見識を持った投資家・アナリストの出現

株式投資という側面に絞っただけであるが，数年前まではわが国における投資家像（個人投資家は除く）はアクティブ短期投資家，アクティブ長期投資家，パッシブ投資家，短期ヘッジファンドおよび長期投資家によって構成されていたと言ってよいであろう．

そしてここ数年で新たに勃興してきたのが，ESG投資家ということになる．現実には大手機関投資家の場合にはアクティブ，パッシブに加えてESG投資手法が加わったと見るべきであろう．

前節では，企業自身が企業体理論に基づき広範なステークホルダーを考えるべき時代が到来したと述べたが，それに呼応するのがESG投資家ということになる．

しかしESG投資家と称さなくても2014年日本版スチュワードシップ・コードやPRI（責任投資原則）に署名した機関投資家はESG投資に

対して全力で取り組まなければならないことになっている．繰り返しになるがGPIF（年金積立金管理運用独立行政法人）によるESG投資も2017年に始まった．

大手の機関投資家には，責任投資調査部やESG調査部が新たに設けられ，相当の人材とコストをかけ始めている．

機関投資家にとっては，これらはコストに見合うものなのであろうか．GPIFの場合には，ESG情報ベンダーの作成したINDEXに沿った運用管理を一部機関投資家に委託しているが，これを含めて考えないとすると，特にESGアクティブ運用（インテグレーション）やESGエンゲージメント運用ということになると本格的に始まっているとは思えない．

おそらく現状ではコストに見合ったものではないのであろう．それでは将来の飛躍的普及に備えてESG投資体制を整えているのかというとその確信はないようにも思える．ともかくムードだけが先行しているように思える．

正直言ってESG投資は，おそらくは株式投資信託商品としての普及は難しいと思われる．購買の主力である個人投資家はきわめて現実的であり，ムード（心理）のみでは買わないからである．ESG投資が「超過収益」をもたらす可能性が高いとする論理が無ければ，購入しないであろう[7)]．わが国の私的年金基金の幹部もおそらくそのような考えを持っているのではないか．

それではESG投資の行く末につき，いかに考えるべきなのであろうか．

ユニバーサルオーナーの中には，年金は100年を考えて投資を考えるべきであるという主張をしている機関もある．そのために社会のサステナビリティ（持続可能性）も十分に考慮し，同時に企業のサステナビリティも考慮しながら銘柄選択を行うことの必要性を説いている．

7）この点については　拙稿「ESG投資本格参入の心理と論理」（『地銀協月報』692号，2018年2月，pp. 14-18）を参照のこと．

インデックス投資の場合には，ESG情報ベンダーの判断基準によって左右されるが，パッシブ投資においては対象企業のESG活動について精査し，足らざるところをエンゲージするということが必要となる．

こういった投資手法の場合には，ESGのそれぞれの項目を細分化し精緻に評価することになる．機関投資家はESG情報ベンダーの情報を購入（かなりの多額と推定される）したうえで調査を進めることになるので，さらに付加価値のある調査が期待されることになる．

特にESGのうちのG（ガバナンス）については議決権行使の個別開示が進む中，調査の蓄積とあいまって機関投資家によるエンゲージメントが進みつつある．例えばROEの低い企業に，低いままであると経営者の再任議案に反対するという議決権行使を多くの機関投資家が行うようになることにより，結果として業績が上昇する，株価が上がる，投資パフォーマンスが向上するというのは非常に単純ではあるがわかりやすい成果である．多くの機関投資家は過去3年なり5年なりのROEの結果で判断する．アクティブ運用で調査力のあるところならば，将来業績を予想してV字回復の可能性があれば買い増すかもしれない．逆にどんなに過去のROEが高くても，すでに株価水準が高いか，将来予想ROEが業界平均より高いとしても下降局面と予想すれば売却するかもしれない．投資判断は様々ではあろう．

さて同じGの中でも，社外取締役の数が3名いないとCEOの再任議案に反対するケースはどうであろうか．社外取締役が多ければ多いほど，経営者に対する監視機能は増大する．様々な外部者の意見が経営に反映される等，一見，数が多いことに反駁する論理は無いように思える．しかし百歩ゆずって，それは企業の長期企業価値を向上させるための必要条件であるかもしれないが必要十分条件とは言えない，ということに留意する必要がある．本当に精査するならば，社外取締役の一人ひとりの能力を確かめる機会が投資家に与えられなければならないであろう．その確信が得られたとしても，その成果はいつ表れるかを判断することは真に難しい．それでは環境（E）や社会（S）の項目はどうかというとその評価はもっと難易度が上がる．

ここで割り切って，ESG投資というのは「超過収益」を目指すものではなく，あくまで社会の総意のもとに，ESGに優れた企業を機関投資家のそれぞれの工夫によって選び出す投資手法であり，投資リターンについては一切問わないものとする，とすれば実に明解でわかりやすい．

欧米ではアカデミックの論文では，ESG投資のパフォーマンス評価に触れた議論が散見されるが，結論はなかなか出ていないようだ．

しかし，例えばESG投資ファンドの成績が一定期間インデックスを上回ったとして，それではESG活動が良好な企業がその期間業績が好調であり，その結果としてアウトパフォームしたのか，それともESG活動のレベルの高さが評価されたためにアウトパフォームしたのか，分析可能なのであろうか．筆者は分析は不可能であると思う．相関関係では語れても，因果関係はわからない．このようなあたり前のことを無視した能天気な議論はまことに多い．

やはりESG投資に踏み込むことは「投資リターンは問わない」とする前提があって純粋に社会の要請に従うものと理解したほうがよいのかもしれない．

しかし，このように断言してしまっては，たんに最近のムーブメントに反駁しているだけになる．そこであえてESG投資の意義を正当化（一定のパフォーマンスを目標にできる長期投資商品として）できるとすれば図4のようなコンセプトの場合であると思われる．

図4のようなコンセプトに基づいてポートフォリオを組む場合には，ESGの調査について真摯に行うとともに，従前からのオーソドックスなファンダメンタルズ調査も行うことが必要となる．

この場合のファンダメンタルズ調査では，相当な期間にわたる将来キャッシュフローを予想することが理想ではないか．ESG活動の効果あるいはリスクは短兵急には表れない．時間軸は5年さらに15年先くら

図4 ■ ESGインテグレーション投資

統合レーティング決定マトリックス

		ESGレーティング						
		A	B	C	D	E	F	G
財務評価	+2	+2	+2	+2	+1	-2	-2	-2
	+1	+2	+2	+2	+1	-2	-2	-2
	0	+1	+1	+1	0	-2	-2	-2
	-1	0	0	0	-1	-2	-2	-2
	-2	0	0	0	-1	-2	-2	-2

オーバーウェイト（A～C列・財務評価+2、+1）
ニュートラル化（A～C列・財務評価-1、-2）
除外（E～G列）

（出所）アムンディ・ジャパン編『社会を変える投資　ESG入門』日本経済新聞出版社，2018年，p. 123.

いまでを設定した分析となる．とすればファンダメンタルズ調査においても同じ時間軸で行う必要があるのではないか．そして両方とも優れた企業群でポートフォリオを構成する．

このような運用哲学を持ったファンドが長期間良好な成績を収めるようになって，初めてESG投資が根付いたと評価できるのではないか．

しかし，この考えは言うはやすいが道のりは険しい．ESGリサーチ体制を真に整えるのは実は大変なことである．個別企業のESG評価を行うには，業種特性・企業特性を考慮した緻密なリサーチ活動を通してレーティングを付与する必要があるからだ．このためにはファンダメンタルズリサーチ部門において調査担当を持つ優秀なアナリスト集団がいなければならない．そういう意味で欧州のESGリサーチに優れた運用機関の中には，環境・社会・ガバナンスの専門家を擁しながらファンダメンタルズリサーチ部門に20名程度のセクターアナリストを擁し，情報を密に取りながらリサーチ活動を行っているケースがある．

そしてファンダメンタルズリサーチで5年できれば10年の時間軸で

業績予想を行うというのは現実離れしていると思われるかもしれないが，第1節で述べたイノベーションの予兆を感じることがアナリストの使命であるとすれば，それに果敢に挑戦する必要が出てくる．そういった時間軸で見れば，SDGs（持続可能な開発目標）についてもカバレージ企業についてのむしろ事業機会の問題として探求する価値がある．

筆者自身は，このような志のないアナリストは今後衰退あるいは死滅するのではとさえ思っている．強靭な意思と高い見識を持った投資家・アナリストの出現が待たれる．機関投資家にこのような体制が整うことによって第2節で述べた企業体理論に則って整然と活動するエクセレント企業と手を携えることができるのである．

第4節　あるがままを描き出そうとする経営者の開示姿勢

前節までの議論を経て考えるならば，経営者（企業）はいかなる開示姿勢を持つべきなのであろうか．第3節のタイトルを借りれば「強靭な意思と高い見識を持った投資家・アナリスト」向けの開示姿勢を考えるべきと言うことになる．

長期投資家向けにはアニュアルレポート（統合報告書）の作成，ESG投資家向けにはサステナビリティ報告書（CSR報告書）というのがわが国では常識になりつつある．

5年前に比べれば，わが国企業の二つのレポート，とりわけアニュアルレポートの内容は長足の進歩を遂げている．

各社とも，投資家の短期投資志向を長期にシフトさせる目的に，ESG投資のムーブメントに対応すべく懸命な努力と工夫を重ねてきている．

企業のミッションバリュー，ビジネスモデル，長期企業価値向上プロセスの提示，CEOの情熱あふれるメッセージ，CSVコンセプトを活用したCSR（ESG）活動の紹介，ESG活動の詳細開示と目標KPIの提示，洗練されたマテリアリティマトリックス，スマートな財務政策，等々と，トップティア企業の開示レベルは相当高い．

しかし，そうであればあるほど違和感を覚えるのは筆者だけであろうか．読者のターゲットをより高く設定した場合には，まだまだ工夫する余地はあるのではないか．

この場合の読者とは2種類が考えられる．5年〜15年の将来のキャッシュフロー予想を果敢に行おうとする真の長期投資家と先端的なESG投資家である．

前者の投資家向けアニュアルレポートに対しては，多くの日本企業が行っている中期経営計画数値の開示は必要ないことになる．反面，議長とCEOのメッセージはきわめて重要となる．また日本企業のアニュアルレポートでは財務データとガバナンス関連の記述が依然として貧弱なことも気にかかる．

非財務情報の時代という浅薄な一部識者の考えに則り，アナリストにとって分析のしやすい詳細でかつ的を射た財務データの開示が疎かになっていることは，かなり問題であると思われる．例えばロシュ社の場合には，財務データ部分に関して記述されている2017年Finance Reportは166頁に上る．筆者は同社のこのレポートを毎年読むことを楽しみにしている．平明な英語でかつアナリストとして必要なデータがユーザーニーズを考えて構成されているからだ．166頁の厚さが気になったことはない．

またロシュ社のアニュアルレポートは，まさに両タイプの投資家の情報ニーズに合致したものになっている．2017年版は162頁ある．

大手医薬品会社はESG情報開示にあたり，GRI，SASB，ATM（Access to Medicine）Foundation等を意識していると思われる．先端ESG投資家自身が必ず参考にしているからである．

GRI（Global Reporting Initiative）は国際的なサステナビリティ基準を設定している代表機関（NGO）でありアムステルダムに本部がある．SASB（Sastainability Accounting Standards Board）は米国におけるNGO

であり業種別のサステナビリティ開示基準を提唱している機関である．最初に設定されたセクターは医薬品であった．そしてATM（Access to Medicine）Foundationは医薬品大手企業のCSR活動を評価する機関である．もちろんほかにも定評のあるESG活動の評価機関は存在している．

先進的企業は最も「高次なレベル」の開示を要求している機関の開示事項に焦点を当てて積極的な開示を行っている．

このような開示ポリシーを何ゆえに取るのだろうか．これらの企業は優れた投資家・アナリストに自らの考えを理解してほしいためである．高次でしかし飾らない開示を行い，自らが発信しようとする意味内容を彼らと共有する．このような時代に入りつつあるのではないか．

第 II 部

The Dawning of a New Era of Corporate Reporting

企業報告の新しい時代の到来

本書第 II 部ではまず，歴史的な観点から会計の根源，特に簿記の発祥について考察する．次に，サステナビリティ報告とその進化がもたらした国際統合報告評議会（IIRC）の設立について議論する．そして最後に，包括的なガバナンスおよび資本主義に対する必要性の高まりに伴って，統合報告と統合的思考が発展していった背景の中で，21 世紀において，企業がどのように変遷しているのかについて議論する．これらの議論は，「企業報告の新しい秩序」への考察につながる．その際には，企業が六つの資本に関連する情報開示を可能にする統合報告，SDGs（持続可能な開発目標），愛知ターゲット，そして「絶滅会計（extinction accounting）」について焦点を当てる．

第5章

FROM FINANCIAL REPORTING TO CORPORATE REPORTING

財務報告から企業報告へ

ルカ・パチョーリ（Luca Pacioli）は，レオナルド・ダ・ヴィンチ（Leonardo da Vinci）のような巨匠を輩出した創造性あふれる時代に生きたヴェネツィアの商人である．彼は，商人が取引をどのように記録していたかを観察し，我々が500年以上も学ぶことになる複式簿記の基礎となる論文を1494年に公表した．その結果，初めて財務資本を特定し，測定することが可能となった．複式簿記に基づいて作成された財務諸表は，企業の過去の財務事項の報告を可能にし，これまではほとんど知ることができなかった，企業の持続可能な価値創造能力についての適切な評価も可能にした．1945年，ユニリーバ社は，貸借対照表および損益計算書に関する個別注記を含む年次報告書を公表した．また，当該年次報告書においては，資本支出表と会社の組織構造の図表も記載されている．会計分野の研究者は，これを企業が提供する賞賛に値する情報として論じている（Camfferman and Zeff, 2003）．

20世紀も終わりとなる頃，主要な証券取引所に上場をしている企業を分析した結果，財務報告基準に基づいて作成された企業の財務諸表上の簿価は，これらの企業の時価総額のわずか30%を占めているにすぎなかった．この結果は，投資家がどのような資産を価値あるものとしてとらえているのかという疑問をもたらした．投資家は，いわゆる無形資産に価値を置いていることが明らかになった．それが回答だった．具体的には以下の点である．

- 企業が価値創造を維持するための長期戦略の策定方法
- 市場における企業のレピュテーション
- サプライチェーン内で起こっていること
- 企業のサプライチェーンにおける行動規範の保有とその監視の有無
- 企業と主要なステークホルダーとの関係
- 企業の収益の獲得方法，すなわち，社会や環境における有意性の有無
- 企業が社会や環境が有意である領域における推進方法
- 企業が社会や環境に及ぼす負の影響と，これらを排除して改善していく方法
- コーポレートガバナンスの質
- 企業のリスクマネジメントの質
- 企業において内部統制が適正かつ効率的に機能していること

社会の変化により，上記のすべての項目が必須なものとなった．コンピュータ時代の到来とともに第3次産業革命が始まった1960年代以降，世の中は劇変した．21世紀の初めには，気候変動は危機的な課題となった．また生態系への過剰負担，すなわち自然界の再生力を上回る速度で天然資源に依存することの問題点が顕在化しはじめた．ソーシャルメディアを通じて，様々な状況が急激に白日のもとにさらされることとなった．ステークホルダー，特に市民社会からの積極的なアクティビズムの台頭を伴い，これまで以上に彼らの期待は高まることとなった．国連は，爆発的な人口増加によって2045年までに地球上の人口はさらに20

億人増加すると指摘している（UN, Department of Economic and Social Affairs（国連経済社会局）, 2015）.

第3次産業革命からわずか30〜40年後の現在，我々は第4次産業革命に突入している．第4次産業革命には，人工知能，ロボット工学，ナノテクノロジー，3Dプリンター，ビッグデータ解析，IoT（Internet of Things）などがある．上記のすべてを考慮した結果，複数の主要な企業が，これまでどおりのビジネスは継続できないと結論づけている．企業は，より少ない資源でより多くの収益を生み出すことを学ばなければならない．

さらに，アカウンタビリティの遂行に疑問が投げかけられた．財務諸表は不可欠書類ではあるが，それだけでは，例えば無形資産について言えば，必要な情報を利用者に伝えるには不十分であることが明らかになった．EBRC（Enhanced Business Reporting Consortium），バランス・スコアカードやGRI（Global Reporting Initiative．ボストンにて設立，後にアムステルダムへ移転）の設立とともに展開されたサステナビリティ報告書等の企業報告における革新が起きた．これらの動きは，企業が価値創造を伝えることを目的としている．

つまり21世紀においては，我々は財務報告の枠組みを超えた取り組みを進めてきたのである．国際会計士連盟（IFAC：International Federation of Accountants）は，財務報告は非常に大切ではあるが，十分ではないことを認めている．サステナビリティ報告書に関して優れた基準を設定したGRIも，財務数値の記載がないサステナビリティ報告書は，大きな意義はあるが，十分ではないことに同意している．これら二つの報告書は，別個のものとして存在していたがゆえに，現実に起きている事項が適切に反映されていなかった．

あらゆる企業において，資源は利用され，そのステークホルダーとの間には継続的な関係がある．これらは密接な関係にあり，日常的に相互に関連している．価値創造の根源は個別に存在しているわけではない．

利用される資源やステークホルダーとの関係は多様に絡み合っている．

会計と報告の分野において，より包括的なステークホルダーへのアプローチを実施しようという試みは，過去においても多数あったが，物事に対する見方を変える段階にまでに到達することはなかった．「無形資産」を，会計上のより広範な企業責任と統合するためになされた最も初期の試みの一つに，*The Corporate Report*（ASSC，1975）がある．この報告書は，時代に先んじていたがゆえに，発表当時は実業界の注目を集めることができなかった．*The Corporate Report*では，株主にとどまらず，幅広いステークホルダーグループを対象とした年次報告書に加えて，付加価値報告書，雇用報告書，政府との金銭交換に関する報告書，取引および外貨に関する報告書，将来の展望に関する報告書や企業の目標に関する報告書などの追加的な報告書を提案している．同様に，1990年代に発表されたかつての経営・財務レビュー（OFR：Operating and Financial Review（現在は失効）は，前述のように，年次報告書内に社会および環境に関する報告を義務づけるための真剣な試みを示している．

社会および環境会計の要素を会計実務の中に取り入れる試みが成功しなかったにもかかわらず，国際的な会計学術界の中では長く活発な議論が行われてきた．特に，ロブ・グレイ教授（Rob Gray）をはじめとする英国，オーストラリア等の他の多くの研究者による成果は，社会および環境報告の理論を発展させる非常に影響力のある学術機関の形成に寄与し，報告書における哲学的，文化的，道徳的な調査や，実務的に有用な提案をしている．これは，世界的に支部を有するセンター・フォー・ソーシャル・アンド・エンバイロメンタル・アカウンティング・リサーチ（CSEAR：the Center for Social and Environmental Accounting Research）の支援のもとに，環境および社会に関わる会計の研究に深く関与している会計学者のグローバルネットワークの創設と存続へとつながった．また，*Accounting, Auditing & Accountability Journal*や*Accounting, Organizations and Society*などの，社会と環境，サステナビリティや社会的責任に関する研究報告のための主要な学術誌（ジャーナル）が創刊された．これらの出版物は，けっして学術的な理論や理想主義的な考え方を推進することのみを目的としているわけではなく，実用化と実践化を目的とし，現状の課題に対して，研究結果に基づいた現実的な解決策を多く提示している．

これまでの主要な学術的な研究は，単独の社会および環境報告書，または最近ではサステナビリティ報告書やCSR報告書に焦点を当ててきた．しかし，統合報告によって，これまでは個別なものであった複数の報告書を，上場企業が作成する年次報告書の中に組み込むという新たな方向が示された．皮肉なことに，統合報告の成功は，これまでは単独の報告書として存在してきたサステナビリティ報告書の終焉とみなすこともできる．

企業が社会と環境に与える影響を財務報告に結びつけるべきであるという趣旨のもとに，英国チャールズ皇太子（Prince of Wales）はA4S（Accounting for Sustainability）というプロジェクトを2006年に立ち上げた．これにより，A4Sは結合報告（Connected Reporting）の促進を始めた．

一方，南アフリカでは，1994年にコーポレートガバナンスに関するキング委員会が包括的なガバナンスアプローチを推進したことにより，2002年に公表されたキングコード第2号においては，サステナビリティ報告書を上場要件として推奨した．キングコード第3号（2009年）では，ヨハネスブルグ証券取引所に上場しているすべての企業に，統合的思考に基づいた統合報告書の発行を上場要件とした．

すべての企業のビジネスには，少なくとも六つのインプット，具体的には財務，人的，自然，製造，社会関係，知的資本が存在すると統合的思考では認識している．企業の事業活動が，ビジネスモデル，あるいは収益を生み出す方法を形づくる．これは，ガバナンスの質，全社レベルのリスクマネジメント，事業戦略および取締役会の決定に基づいた経営の遂行に関する取締役会の監督をも包含する．その結果，企業は製品を生産するのである．当該製品が社会に出ていき，そして，社会におけるアウトカムが生じる．統合的思考とは，ステークホルダーとの継続的な関係を含む，企業による資源や資本の利用に関する，インプットからアウトカムを生み出す一つのプロセスの統合である．2013年12月に公表されたIIRCのフレームワークにおいて，統合的思考は，以下のように定義されている．

> 「組織内の様々な事業単位および機能単位と，組織が利用し影響を与える資本との関係について，組織が能動的に考えることである．統合的思考は短，中，長期の価値創造を考慮した，統合的な意思決定と行動につながる．」(IIRC，2013，p. 4)

インプットは，「組織が事業活動の際に利用する資本（資源および関係性)」と定義されている．また，アウトカムは，「組織の事業活動とアウトプットの結果としてもたらされる資本の内部的および外部的影響（正と負の両面について)」と定義づけられている．さらに，アウトプットは，組織の「製品とサービス，副産物と廃棄物」として定義されている．

このことから統合報告には，包括的ガバナンスへのアプローチが内含されていることがわかる．

IIRCは会計領域を専門とする人々に対して，イノベーションと新しい役割をインスパイアする文書を発表したのである．これは，財務諸表のみを報告形態としていた状況からの脱却を示す文書であると私は考えている．

本書の冒頭にて言及したように，20世紀において資本市場は発展を遂げた．株式市場は資金調達のために設立され，株式保有の分散をもたらした．この発展は，企業報告の必要性を生じさせた．金融危機，企業スキャンダル，国際会計基準の発展，資本市場のグローバル化は，会計および企業報告における，新たな市場規制当局，基準設定主体，法律および規制の新たな導入につながった．20世紀後半には，世界の主要な資本市場の大部分において，新たに厳格な規制が整備され，施行された．

会計の包括的な仕組みの構築が，会計専門家の手から離れて，規制当局の手に委ねられたことは，目的適合性を備えた会計に必要な要素である柔軟性と，市場との整合性を失わせる結果となった．かつては，会計制度の仕組みの構築に関わっていた会計専門家は，その仕組みが現在，そして未来においても，ふさわしいものとなるような革新的な発想を備えていた．ところが，この革新的な発想をもたらす権限は失われ，その仕組みの整備と監督の権限は，他者の手中にある．そのため，企業の戦略やビジネスモデルと経営資源との関連性からかけ離れた方法論や測定基準，そして開示がうまれ，幾層にもわたって積み上がり，複雑化してしまった．危機やスキャンダルに対応するために，多くの新たな要件が課され，その結果，強固なコンプライアンス体制，多くのひな形的な開示，そして大量の報告書の作成義務が課されていった．

規制による制約の中においても，会計の専門家は革新的な発想の余地を見出していた．これは，会計基準の設定から証明可能であり，20世紀後半において，会計史上最も革新的な発展の一つである新しい会計基準，すなわち国際財務報告基準（IFRS）および国際的に認められた米国の会計基準（GAAP）が誕生した．

企業の事業環境の変化を考慮することなく，企業報告の変革を方向づけることは不可能である．この変革は，より透明性の高い開示に向けた大きな転換を含んでおり，企業と主要なステークホルダーとの関係に変化をもたらすものである．

これらの動きは，政府や資本市場の意思決定において，「金融のありようがあまりにも強大な影響を及ぼしているのではないか」との金融機能に関する社会的な疑念の浮上と同時に発生していた．この疑念は，金融の発展の限界についての懸念をもたらした．国際通貨基金（IMF）と国際決済銀行（BIS）は，金融の多大な影響力と目覚ましいスピードで起こっている経済発展が，短期的な思考を増長させ，財政不安を招くという視点に立脚している．「経済発展を減速させる要因に所得格差がある」と多くの政策立案者が考えるようになって以来，近年ますます注目される問題である．

経済界は，このように変化したビジネス環境を概念化し，定義づけするうえで大きな役割を果たしてきた．その他の企業報告に関連したイノベーションには，価値報告書（value reporting），より良い企業報告（enhanced business reporting），バランススコアカード，トリプルボトムラインとサステナビリティ報告書が含まれる．これらはそれぞれ，より広義な観点から価値創造を特定し，報告することに重点を置いており，企業報告の仕組みに発展をもたらした．ネスレ社による共通価値（Shared Value）（マイケル・ポーター（Michael Porter）とマーク・クラマー（Mark Kramer）による（Porter and Kramer, 2011））とプーマ社による環境損益勘定（Environmental Profit and Loss Account（EP & L）の取り組みは，企業内で採用された具体的な取り組みとして知られている．ボブ・エクレス（Bob Eccles）とマイク・クルス（Mike Krzus）によって出版された『ワンレポート――統合報告が開く持続可能な社会と企業』（花堂靖仁監訳，ワンレポート日本語版委員会訳，東洋経済新報社，2012年）は，多くの人々の考えを具体化した（Eccles and Krzus, 2010）．

世界の金融システムは，複数の危機に直面し，あらゆる世代の価値と可能性を崩壊させた．現代世界において，人口の増加と気候変動は，ビジネスの成功に不可欠な天然資源の利用を脅威にさらしている．IMFのマネージングディレクターであるクリスティーヌ・ラガルド（Christine Lagarde），G20金融安定理事会（Financial Stability Board）会長のマーク・カーニー（Mark Carney）らは，包括的な資本主義の導入を呼びかけている．

また，Coalition for Inclusive Capitalism（CIC）やFocusing Capital

on the Long Term（FCLT）の取り組みや，統合報告などの新しいムーブメントは，企業の思考と報告を大きく変えた．

本章の冒頭で触れたパチョーリによる複式簿記が純粋に財務に関するものであったのに対して，統合報告書はナレッジベースであり，かつ天然資源に制約のある世界経済における価値創造を反映する包括的，かつマルチキャピタル・アプローチを導入している．統合報告書は，グローバルな適用性や今日のビジネスや社会のニーズに対応するという点では，複式簿記と同じである．統合報告書は，21世紀において，ビジネスと社会の新たな関係を築き，いまやインパクトとアウトカムという新しい概念を一般化してきた．そして，財務資本，社会資本，自然資本の橋渡しを可能にした．

企業報告の分野におけるこれらの新たな発展は，会計の専門家が歴史的に行ってきた，会計および企業報告の設計および仕組みに関する責任を再び担い，ビジネスや市場におけるインセンティブを測定する機能を備えるための道を拓くことになる．職業会計士の役割は，経済全体にとって戦略的に不可欠な存在であり続けるのだ．職業会計士の革新的な発想力のゆえに，その職業が有する意義をこれまで保持できてはいるが，この急激な変化の時代の中においては，その革新的な発想力が，これまで以上に必要とされるであろう．

それでは会計の専門家は，会計と企業報告システムの設計者としての役割をどうすれば取り戻せるのか，という疑問が生じる．その答えは，今日，会計学を学んでいる学生への教育にある．具体的には，会計の専門家は財務資本にのみ焦点を当てるのではなく，企業が社会に必要不可欠な一部を構成しており，どのようにして経済，社会，環境に影響を与えるかを理解することにある．影響の性質に依拠して企業の市場価値は判断される．企業のレピュテーション，ステークホルダーによる企業への信頼と事業の合理性に基づいて，企業の評価が決定されるからである． 多くのコーポレートファイナンスの教科書や財務報告に関する著作には，例えば，気候変動関連ファイナンスやサステナビリティ報告に関する事項は取りこまれてはいない（いく度も改訂を重ねている教科書でも同様である）．

次章では，環境，社会およびガバナンス（ESG）報告に関する要求の劇的な増加，企業の価値創造に関する考え方の変化，実業界におけるシフト，そして，統合報告のコンセプト（時宜が到来した概念）について説明する．

第6章

SUSTAINABILITY REPORTING AND THE ESTABLISHMENT OF THE IIRC

サステナビリティ報告とIIRCの設立

財務報告基準に基づいて作成された貸借対照表に計上される項目が，企業の時価総額とは等しくないことは，すでに1997年には判明していた．事実，時価総額は貸借対照表上に計上されている値を70％から80％も超過していた．これには，戦略，レピュテーション，サプライチェーン上の慣行，ステークホルダーとの関係性，内部統制，リスクマネジメント，企業がどのように収益を生み出すかに伴う正と負双方の影響，ガバナンスの質といった無形資産が含まれていた．図6.1に記載されているS&P 500における分析は，これを最も適切に表している．

これを受けて，実践的な先駆者ともいえるアレン・ホワイト（Allen White）とボブ・マッシー（Bob Massie）は，企業がこれらのいわゆる無形資産について，どのように報告できるかに関するガイドラインの作成を開始し，ボストンに拠点を置くGRI（Global Reporting Initiative）を設立した．2002年に南アフリカ・ヨハネスブルグで開催された世界サミットで，私はアレン・ホワイトに会い，その結果，南アフリカのコー

図6.1■S&P 500における市場価値の構成要素

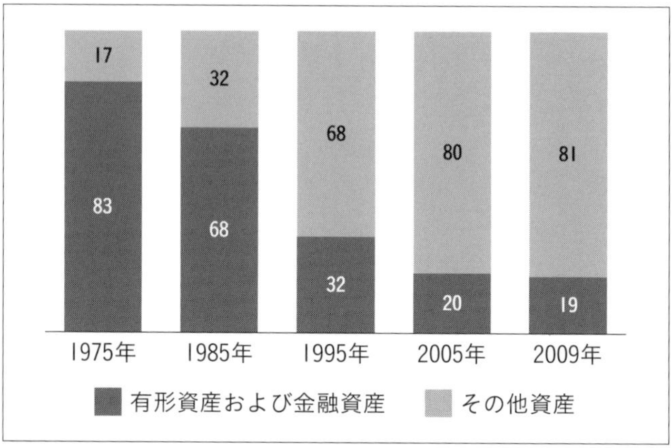

（出所）CIMA.

ポレートガバナンスに関するキング委員会（King Committee on Corporate Governance）は，2002年にはサステナビリティ報告書の作成をヨハネスブルグ証券取引所の上場要件として定めた．私は，国連ガバナンスおよび監督委員会（United Nations Committee on Governance and Oversight）の委員長の立場から見て，国連環境計画（UN Environment Programme）と国連貿易開発会議（UN Conference Trade and Development）が行っている活動は，ガバナンスへの排他的アプローチは維持が不可能であることを明確に示していると認識した．

経済的また税務上の理由などから，GRIは拠点をボストンからアムステルダムに移し，私はその会長に就任した．サステナビリティ報告は大きな支持を得た．米国では，SASB（Sustainability Accounting Standards Board）が設立され，GRIもまた，ESGレポーティングに関する基準を策定している．EU（欧州連合）は，大企業のESGレポート作成にむけた指令を発行した．いくつかの証券取引所はサステナビリティ報告書の作成を上場要件にしており，米国の証券取引委員会（SEC）に提出された報告書には，それ以上のサステナビリティ課題を記載できる．

2006年にイギリス・チャールズ皇太子はA4S（Accounting for Sustainability）を設立し，企業活動が社会と環境に及ぼす影響を，企業の財務情報と結びつける試みを行った．A4SのリーダーたちとGRIの会長である私との会合の結果，皇太子がホストとなり，2010年初めに，コーポレートレポーティングにおける有識者が集う会議がセント・ジェームズ宮殿にて開催された．その頃には，キング委員会は統合的思考と統合報告を上場要件として推奨していた（後にキングコード第3号として知られるようになる）．

この会議には，四大監査法人のグローバルチェアマン，世界銀行，証券監督者国際機構（IOSCO），世界自然保護基金（WWF）のエグゼクティブディレクター，米国財務会計基準審議会（FASB）のチェアマン，国際会計基準審議会（IASB）のチェアマン，A4S，GRI，投資家，規制当局や大企業が招待された．

英国王室の財務担当であり，A4Sにも密接に関わっていたマイケル・ピート卿（Michael Peat）が議長を務めたこの会議には，招待者全員が出席した．A4Sの会長は，英国勅許公認会計士協会の元会長であるポール・ドラックマン（Paul Druckman）が務めた．マイケル卿は，統合的思考と統合報告の「実践」を会議の議題として取り扱うよう私に要請した．そして，この会議の結果として，当会議の参加団体で構成する国際統合報告評議会（IIRC）が設立され，他の国際機関もその理事会に招き入れられた．私はIIRCの最高経営責任者を任命する義務を託され，ポール・ドラックマンを任命した．ポール，私，IIRCの理事や役員たちは，世界中の専門家やエグゼクティブからのインプットを受けて，2013年12月に国際統合報告フレームワークを策定した．今日現在，世界の主要な会計機関，規制当局，投資家，その他の機関など約70団体がIIRCメンバーとなっている．IIRCのメンバーについては，ウェブサイト（theiirc.org）に掲載されている．

統合報告書の作成に際しては，取締役会が一体となり，財務報告基準に従って作成された財務諸表のみならず，今日では多くの企業が収集しているサステナビリティに関するデータや，基準に準拠して作成されたサステナビリティ報告書の理解に多くの時間を費やす必要がある．企業の事業にとってマテリアルな事象が，財務情報とサステナビリティ情報を統合した明確で簡潔なわかりやすい言葉で報告される．これにより，読み手は企業のビジネスがサステナブルな方法で価値を創造し続けられるのか，十分な情報に基づいて評価を行うことができる．

IFRS（国際財務報告基準）または米国会計基準に基づいて作成された財務諸表は，平準な利用者には理解しがたいものとなってしまった．そのため，IIRCのフレームワークは，明確で簡潔なわかりやすい報告書を求めている．IIRCのフレームワークでは，統合報告書の定義を，「組織の外部環境を背景として，組織の戦略，ガバナンス，実績，および見通しが，どのように短，中，長期の価値創造を導くかについての簡潔なコミュニケーションである」としている．

取締役会がアカウンタビリティの義務を果たすためには，報告書が理解可能なものでなければならないと認識することが大切である．企業は，すべての財務情報とサステナビリティ情報をオンラインで提供し，情報利用者が必要な詳細情報までたどりつけるようにすべきである．

ESG要素は，21世紀の変容した世界には欠かせないものとなっている． 取締役会は，企業に影響を及ぼすESG要素を考慮して報告しなければ，アカウンタビリティの義務を果たすことはできず，報告書の読み手は，企業がどのように収益を得ているのかについて，適切な情報に基づいた評価を行うことができないのだ．

大企業にESGに関する報告を義務づけるEU（欧州連合）指令のほかにも，米国の証券取引委員会（SEC）によるサステナビリティ情報の提出義務や，オーストラリアの経営・財務レビュー（Operating Financial Review，「企業の事業，財政状況，事業戦略，将来予測」を理解するために財務報告を補完するナラティブ情報と分析）がある．オーストラリア証券投資委員会（Australian Securities and Investments Commission）は，規則247.42にて，企業がどのように収益を得て，利益を生み出し，また株主に向けて資本を増強するのか，もし，不可能であるならば，どのようにして目標を達成するのかを開示すべきであるとしている．

英国では，財務報告審議会（FRC：Financial Reporting Council）により戦略レポート（Strategic Report）の作成が義務づけられている．戦略レポートは，IIRCフレームワークで求められている事項と親和性がある．

社会関係資本の重大性が増しており，アンドリュー・ハルデーン（Andrew Haldane）は，自身の講演スピーチ「大きな分断（The great divide）」の中で，財務資本と社会資本の分裂について指摘している．ハルデーンのスピーチでは，社会資本は信頼性と密接に関連しており，パーソナライズされた信頼と全般的な信頼を区別している．

> 「パーソナライズされた信頼とは，繰り返し行われる個人的なやりとりを通じて構築された相互協力，例えば，医師や美容師に出向くことなどを指す．対照的に，全般的な信頼とは，識別可能だが匿名の集合体への信頼に結びつく，例えば，法の支配や政府，あるいはサンタクロースに対する信頼などである．」(Haldane, 2016)

またハルデーンは，銀行業は地域に密着した事業であり，そのサービスはカスタマイズされパーソナライズされていることを指摘している．銀行は，その事業内容に対する畏怖の念のゆえに，一般社会の中で，全般的な信頼を得てきた．だが，今日では，銀行業のビジネスモデルは変化し，地域の支店が撤退し，地元の支店長もいなくなってしまった．そして，サービスが本店に集中し，パーソナライズされた信用が失われたことから，銀行はそれまで以上に，サービスの信用性について，全般的な信頼に頼らざるをえなくなってきた．金融危機が生じた時には，「銀行業界における全般的な信頼は打撃を受けた．その信頼性はおとしめられ，人々に敵意を植え付けた」（Haldane，2016）のである．

これは，企業には，従業員や管理者などの社内ステークホルダーが作り上げる独自の社会と，企業経営を行う場所である一般社会の両方が存在する，という考え方を誘発させた．企業は，一般社会の期待や慣習に反して事業を継続することはできない．パーソナライズされた社会と一般社会の両方のレンズを通して，社会が全体として企業に操業許可を与える役割を担っていることは明らかだ．これは，ミルトン・フリードマン（Milton Friedman）流の市場原理主義理論とは異なるものであり，人々の考え方に変化をもたらした．

また，世界各国でESGレポーティングを求める起爆剤ともなった．さらに，これまでのやり方でビジネスを継続すると，地球が供給できる以上の天然資源需要が生じ，資源不足への転換期を迎えるという認識も，もう一つの大きな原動力となっている．

ハーバード大学の研究者は，企業の社会的責任に関する開示要件を表す図表を作成し，ESG開示に関する各国政府および証券取引所による最今の要求事項を示している．

第7章

Shifts in the Corporate World

企業における変革

IIRC（国際統合報告評議会）は，多くの評議会メンバーや関係者と検討した結果，企業の中には大きな構造転換が三つ存在していると結論づけた．

まずは，サイロ（縦割り組織）により分断されたレポーティングから，統合報告への移行である．これは，財務報告は不可欠ではあるが十分ではないという認識に基づくものだ．これはサステナビリティ報告書にも同じようにあてはまる．二つの報告書をそれぞれ別個に作成している企業は，相互に関連している事業運営や機能の実態を伝えられていない．

これが，セント・ジェームズ宮殿でのかの有名な会議の開催，IIRCの設立，そして，IIRCフレームワークの公表による統合的思考や統合報告書に関するガイドライン提供へとつながったのである．IIRCのフレームワークは，統合報告書の基本原則と内容要素を提示するものだ．

統合報告書は世界中から注目を集め，それは驚異的ですらある．これは，IFACやGRIといった財務報告やサステナビリティ報告の主要な国際機関が，財務報告やサステナビリティ報告が不可欠ではあるものの，サイロによって分断され，それぞれが単独に存在していては不十分であることを認知し，統合報告の概念が受け入れられる時代が到来したからこそである．取締役会は，収集された大量データの精査により時間を費やし，そこから企業のビジネスにとってマテリアルなものを選別し，統合報告書で明確かつ簡潔に，そしてわかりやすく説明する必要がある．

そのような報告の必要性は，ブラックロック社のCEOであるラリー・フィンク（Larry Fink）が欧州および米国の企業のCEOにあてた公開書簡からも明らかである．この書簡において，フィンクは，CEOは「企業行動を翻弄する短期主義の強力な力」に抵抗し，「株主に長期価値創造のための戦略的枠組みを毎年提示すること」を求め，「取締役会がこれらの戦略をレビューしていることをCEOが明言すべきだ」としている（Turner, 2016）．

その翌日，米国のCFA（Chartered Financial Analysts of the United States）が声明を発表した．この声明を引用し，CFA協会（CFA Institute）のサンドラ・ピーターズ（Sandra Peters）とジェームズ・アレン（James Allen）は，『フィナンシャル・タイムズ』紙に次のような書簡を送っている．

> 「価値創造を報告するフレームワークを構築したIIRCの取り組みと，フィンク氏の声明は非常に親和性がある．我々は，世界の会計基準設定者や政策立案者に，戦略的目標や環境，社会，ガバナンス（ESG）要素の報告について，より広範に検討するよう奨励している．」(Peters and Allen, 2016)

二つ目の大きな構造変革は，金融資本市場からインクルーシブ・キャピタル・マーケット（包括的資本市場）への移行である．2013年，リン・

ド・ロスチャイルド（Lynn de Rothschild）がロンドン市長公邸で主催した会議において，IMFのクリスティーヌ・ラガルド（Christine Lagarde），元米国大統領ビル・クリントン（Bill Clinton），ユニリーバ社のポール・ポールマン（Paul Polman）がスピーチを行い，インクルーシブキャピタリズムのための連合（Coalition for Inclusive Capitalism）が形成された．

インクルーシブキャピタリズムとは，財務資本にフォーカスするのではなく，企業がどのようにして収益を生み出し，経済，社会，環境の三つの重大な側面にいかなるインパクトを与えるのかにフォーカスを当てたものである．例えば，先進国による発展途上国への援助自体は持続可能なモデルではないが，巨大多国籍企業（なかには14カ国で事業展開している企業もある）が，事業に関連するマテリアルなサステナビリティ課題を戦略に組み込んでいれば，発展途上国の社会や環境によりポジティブな影響を与えるというアウトカムを生む．その結果，発展途上国の生活の質は向上するはずである．インクルーシブキャピタリズムのための連合は，インクルーシブ・キャピタル・マーケットを実現する方法を，公的機関と民間企業が統合的思考を実践し，統合報告書を作成することだと認めている．

三つ目の構造変革は，短期資本市場から持続可能な資本市場への移行である．短期的な利益追求の弊害，またはヒラリー・クリントン（Hilary Clinton）が言うところの「四半期報告の横暴行為」は，社会や環境に犠牲を強いている可能性があるにもかかわらず，株主のための利益追求にフォーカスしすぎていることを指している．

この短期的な利益追求の弊害は，世界的な金融危機を引き起こした大きな要因である．これまで公的機関や民間企業の取締役は，資源が世界的に枯渇している中で，最後の一滴までの搾取を誘導していたも同然である．資源の枯渇は，人口増加によるモノ需要の高まりにより悪化している．先述のとおり，短期的な利益志向は，エージェンシー理論に基づくアプローチの弊害であり，21世紀の考え方にはなじまず，明らかに時代遅れである．

取締役会は，企業が稼ぐための手法が及ぼす経済，社会，環境の三側面へのプラスとマイナスの影響を考慮することなしに，注意義務を果たすことはできない．企業は，プラスの影響を増強し，マイナスの影響を根絶または改善することにより，持続可能な方法で価値を創造する．社会や環境に悪影響を及ぼして収益を上げているならば，企業は自らの価値を毀損しているか，企業が利用する資源や資本を変容させている可能性がある．

持続可能な資本主義とは，持続可能な方法で企業が価値創造を続ける方向への企業行動の変革である．

あるビール製造企業は，水の利用量を減らし，補充し，再利用し，リサイクルするという長期的な戦略を有している．水は地球上で最も稀少な天然資源であり，このような長期的戦略なくして，取締役会は注意義務を果たすことはできない．これは，資源の枯渇する世界に包括的なガバナンスアプローチがもたらすプラスの影響の一例である．この企業の取締役会は，マテリアルなステークホルダーの合理的かつ正当なニーズ，関心および期待を含む価値創造の源泉を，一丸となって検討したのであろう．

第8章

INTEGRATED THINKING
AND THE INTEGRATED REPORT

統合的思考と統合報告書

統合的思考とは，企業が稼ぐための手法を取締役会が総体的に理解し，把握し，計画することである．言い方を換えれば，取締役会は，ガバナンス，エンタープライズ・リスク・マネジメント（ERM），戦略，内部統制を具備したビジネスモデルを決定しなければならないのである．また，企業が長期的にいかに持続可能な方法で価値創造を続けるのかも検討する．そのためには，取締役会は，事業活動へのインプットと，それらの事業活動からのアウトプット，またそれらのアウトプットが企業が利用する資源に及ぼす影響，特に社会（社会資本）と環境（自然資本）に及ぼす影響を明確にしなければならない．

すべての企業は，利用する資源，そしてステークホルダーとの継続的な関係性に依存している．企業の資源利用とステークホルダーとの関係性には相互に接点と因果関係が存在することを，取締役会および経営層のレベルで認知し，意識改革をする必要がある．これまでもそうであったように，そこには絶えず，様々な価値創造の源泉が相互に響きあう関係（シンフォニー）がある．価値創造の源泉にはマテリアルなステークホルダーとの継続的な関係性が含まれるのだ．

例えば，企業がある「建物」の中で財務資本を，別のところで人的資本を，別の都市で知的資本を用いる，といったようなことはありえない．これらのすべての要素は相互に関連し，密接している．経営陣がすべてのマテリアルなステークホルダーの正当かつ合理的なニーズ，関心および期待を認識しているならば，より適切な情報に基づいた戦略立案がなされる．経営陣はサプライチェーンで何が起こっているのかを知る必要がある．サプライチェーンで生じた問題により，価値，特に企業の無形資産の価値を破壊する可能性があることは近年周知されているとおりである．例えば，サプライチェーンの中で企業に供給された製品が児童労働によるものであることが判明したとしたら，企業の時価総額に悪影響を及ぼすであろう．

統合的に思考するには，取締役会は，企業の事業にとってのマテリアルなサステナビリティの課題（例えば，飲料メーカーにとっては，水がそれに当たる）を特定し，それを企業の長期戦略に組み込む必要がある．取締役会は，このようにして自社に対する注意義務を果たすのである．

2013年12月に公表されたIIRCのフレームワーク（同p. 34）において，統合報告，統合的思考，統合報告書は，それぞれ以下のように定義されている．

「統合報告：統合的思考を基礎とし，組織の，長期にわたる価値創造に関する定期的な統合報告書と，これに関連する価値創造の側面についてのコミュニケーションにつながるプロセスである．

統合的思考：組織が，その事業単位および機能単位と組織が利用し影響を与える資本との関係について，能動的に考えることである．統合的思考は，短，中，長期の価値創造を考慮した，統合的な意思決定および行動につながる．

統合報告書：組織の外部環境を背景として，組織の戦略，ガバナンス，実績，および見通しが，どのように短，中，長期の価値創造につながるかについての簡潔なコミュニケーションである.」

当時のIIRCのCEOであるポール・ドラックマン（Paul Druckman）は，国連経済社会理事会（ECOSOC：United Nations Economic and Social Council）におけるスピーチで，統合的思考には三つのステージがあると述べた.

まず彼が引用したのは，アインシュタインの狂気の定義「同じことを何度も繰り返しながら，違う結果を期待すること」であった．企業が財務資本のみを考慮し，財務報告基準に基づく財務諸表を提供し，国際監査基準に従った監査を受けてさえいればアカウンタビリティを果たしていると信じているならば，それは，21世紀の変容した世界において，なお「同じことを何度も繰り返しながら，違う結果を期待すること」に等しい．これが最初のステージである．これでは，価値創造とは何かの判断がつかないだけでなく，企業によって採用されたビジネスモデルが，事実上，価値を破壊している可能性すらあるのだ.

第2のステージは，たんに公正妥当な会計基準に従って財務諸表を作成し，法令を順守しているだけでは問題なのだと認識することである．この問題には新たな解決策が必要であり，古い考え方に固執してはいけない．アインシュタインは，「問題を作り出した時と同じ考え方では，問題の解決はできない」と述べている.

財務的側面のみに焦点を当て，企業がいかに収益を生み出し，利用する様々な資源にどのような影響を及ぼすのかを考慮していない戦略では，サステナビリティの課題を組み込んでいない．これは，取締役会の企業に対する注意義務の欠如に等しいのである.

第3のステージは，IIRCのフレームワークで説明されている六つの資本（財務，製造，人的，自然，知的，社会関係および自然資本）のすべてが，企業のマテリアルなステークホルダーとの関係を続けながら，あわせて考慮される段階である．企業の利用する資源とマテリアルなステークホルダーとの関係性が相互に関連していることは，もはや広く認知されている．企業がいかに収益を生み出すのか，そして，そのビジネスモデルが資本に対するアウトカムにいかなる影響を及ぼすのかを，取締役会において考慮しなければならない．

これが十分な情報に基づく意思決定へとつながる．収集した大量のデータの理解に取締役会がより時間を割き，企業のビジネスにマテリアルな影響を及ぼす事項があぶり出されて，統合報告書で明確かつ簡潔にわかりやすく説明されているならば，（訳注：意思決定の判断に資する）知識が情報のうずに埋もれて見失われるというようなことはない．

価値創造の成果は，利用する資本の増加，減少，または変質であり，そのアウトカムは組織の内部もしくは外部にもたらされる．企業の成功は，組織にもたらされる財務リターンに依存はするものの，21世紀においては，社会と環境に対する外部へのリターンにも依拠したものでなければならない．

英国勅許公認会計士協会（ACCA：Association of Chartered & Certified Accountants）は，統合報告について次のように述べている．

「過去数十年をかけて，サステナビリティの課題が徐々に主流になり，時代の流れは，分配を前提とした株式価値の創造から，共有できる価値を生み出す方向へと移行している．企業は共有価値を生み出すことを通じて，事業運営をビジネスの長期的価値だけでなく，社会全体の長期的な価値創造とも結びつけ，内部への財務リターンと外部への社会的，経済的成果の両方の観点から成功を定義づける．最終的には，共有価値を生み出すということは，社会への悪影響を軽減するために企業が何を行うべきかを認識し，より根源的には，気候変動や人権の尊重といった地球規模の課題解決にどのように取り組むかを認識することである．この変革により，コーポレートレポーティングにも新たなトレンドが生まれている．それが，財務と非財務の課題を一つのツールに統合した，統合報告というものである.」

独立した立場の研究所であるブラック・サン社は，統合的思考を実践し，統合報告書を作成する「パイロット企業」の何社かにインタビューし，その結果，統合報告を導入することによって得られたメリットを以下のように要約している．

1. 部署間のコネクション強化

   統合報告を実践するにあたり，最も多く言及されている利点の一つは，企業内の部署間を結び，サイロを分解し，統合的思考に導くきっかけが与えられることである．

2. 内部プロセスの改善によるビジネスへの理解の深まり

   統合報告を実践するために必要なシステムの変更は，事業活動全体の透明性を高め，最も広範な意味で企業がどのようにして価値を創造するのかについて，理解の向上に役立っている．

3. シニアマネジメントの関心と意識の向上

   統合報告への移行は，企業の長期的なサステナビリティに関する問題に対するシニアマネジメントの関心と関与を高め，企業の全体像を把握するのに役立っている．

4. 戦略とビジネスモデルのより明確な説明

   企業活動への理解を深めることによって，企業は一体的なビジネスモデルを確立し，コミュニケーションを効率化することができる．

5. ステークホルダーのための価値創造

   企業は，ステークホルダーのためにサステナビリティ課題を管理し，報告する価値の測定方法を見出し始めている．

統合報告は，企業が長期にわたってどのように価値を創造していくのかを示すものである．このプロセスは，企業の外部環境，ステークホルダー，そして利用する資源の影響を受ける．その結果は，企業の事業活動によって引き起こされる資源の増加，減少，または変容として現れる．

価値には，相互に関連する二つの側面がある．価値は企業自身のために創造され，それにより，債権者への支払い，株主への配当，短期・中期・長期に必要なキャッシュフローの創出が可能となる．企業が自らのために価値を創造する能力は，ステークホルダーのために創り出す価値と結びついている．

国際会計士連盟（IFAC），英国勅許管理会計士協会（CIMA：Chartered Institute of Management Accountants）およびPwC社は，考えられるビジネスモデルのインプット，事業活動，アウトプットおよびアウトカムのリストを作成している（IFAC, *et al.*, 2013）．

インプット

以下のような形態をとりうる六つの資本：

- 資金調達モデル
- インフラストラクチャー
- 従業員
- 知的財産
- 原材料
- 生態系サービス（訳注：自然環境の中で生態系が提供する資源や機能の総称であり，植物が光合成することにより行われる二酸化炭素量の調整などが，その一例である）
- 関係性

事業活動

- 研究開発（R&D）
- 計画
- 設計
- 製造／加工
- 製品差別化
- 市場セグメンテーション
- 流通
- サービス提供
- 品質管理
- 業務改善
- リレーションシップマネジメント
- アフターサービス

アウトプット

- 製品
- サービス
- 廃棄物
- その他の副産物

アウトカム

- 顧客満足度
- 利益・損失
- 株主還元
- 資産の減失
- 税収による地域経済への貢献
- 雇用創出
- 従業員の育成および従業員とのエンゲージメント（対話）

- 生活水準の改善
- 環境への影響
- 営業ライセンス

リストを作成した3団体は，上記以外にも考えられるものがあることを明確に述べている．業種ごとに，上記の他にもインプット，事業活動，アウトプット，アウトカムがあるかもしれない．

企業がいかに収益を得るのか，それが社会と環境という二つの欠かせない側面にいかなる影響を及ぼすのかを考慮する必要性が認識され，循環型の経済が現在では成立し始めている．ビジネスモデルは，生産ラインではなく，生物学的なつながりの上に再構築されつつある．企業は，無駄をなくして顧客に価値を提供し始め，製品利用後のリサイクルも可能にした．カーペットメーカーであるインターフェイス社では，化石燃料を原料としない商業施設用のカーペットタイルを開発した．これは，廃棄物が従来より99.7%少ない高分子材料を原料としたものであり，再利用とリサイクルが可能である．同社は温室効果ガス排出量を80%，水使用量を87%削減している．また，廃棄物の埋め立てに関する問題も解消しつつある．これはサステナブルな方法により価値創造を持続するビジネスの一例である．

以上のとおり統合報告は，資源が乏しく人口過多な現代世界においては，財務の安定性と持続可能性を導く概念なのである．

第9章

THE NEW ORDER of CORPORATE REPORTING

企業報告の新時代

責任投資の出現と，その爆発的な浸透は，過去20年間に起きた象徴的な現象である[1)]．20世紀には，倫理的な投資家に特化した投資ポートフォリオが増加したことからもわかるように，責任投資の出現は，コーポレートガバナンスやアカウンタビリティを高める強力かつ効果的な仕組みであると考えられる．後に『キャドバリー報告書』（英国のコーポレートガバナンス・コードの原型となった報告書．1992年に公表）でエイドリアン・キャドバリー卿（Adrian Cadbury）が指摘したように，投資家とのエンゲージメントと対話は，コーポレートガバナンスの質を向上させるための大切なツールである（Corporate Governance Committee, 1992)．ESG問題に関する企業と機関投資家との対話の増加には，企業が社会や環境への影響を真摯にとらえて説明することを促そうとする背景がある．これは，ESG問題が財務インパクトにつながるものであり，「非財

1）世界における責任投資の発展と現状に関するレビューは，Hebb, *et al.* (2015) に含まれている．

務」にとどまるものではないとの考えに基づいている．

先述のとおり，株主は企業の本当の「所有者」ではないものの，依然として企業行動に影響する大きな潜在的な力を有している．取締役会は，株主が企業の持ち分を保有するからではなく，議決権を有しているからこそ意識する．大手機関投資家は，株式の売却ではなく，対話やアクティブな株式保有を通じて，企業の行動や戦略を立て直す力を持つのだ．

国連環境計画金融イニシアティブ（UNEPFI）と国連グローバル・コンパクト（UNGC）が事務局となって発足したイニシアティブであるPRI（責任投資原則）は，アセットオーナーとアセットマネジャーがESG課題の解決において果たすべき役割の増大に伴い，国連事務総長に招聘された世界の機関投資家が策定したものである．この原則に賛同したアセットオーナーの運用資産の合計は約60兆ドルにのぼり，国連事務総長（当時）のパン・ギムン（Ban Ki-moon）は2006年4月に次のとおり述べている．

> 「当原則に署名する団体は，投資意思決定の検討プロセスに環境，社会，ガバナンスに関する基準を組み込むことにより，企業に対し，これらの分野における成果を改善するよう直接的に働きかけている．これは，より善良な企業市民たることを促し，より安定し，サステナブルでインクルーシブな世界経済の構築に向けた我々の取り組みに貢献するものである．」

これらの秀でたアセットオーナーたちは，最終的な受益者の長期的な利益のためには最善の行動を取る義務があることを理解している．それゆえに，ESG課題が投資ポートフォリオのパフォーマンスに影響を与えうると考え，PRI（責任投資原則）にコミットしている．彼らはまず，ESG課題を投資の検討と意思決定のプロセスに組み込むことを自らに義務づけ，投資に関わる専門家に向けたESGトレーニングを提唱し，この分野の学術研究等を奨励している．第2に，これらの優れたアセットオーナーたちは，アクティブオーナーとなることを宣言し，資産保有の方針や実務の中にESG課題を組み込み，企業とESG課題に関する対話を始め，長期的なESGの検討事項に沿った株主提案を提出する．第3に，投資先企業にESG課題に関する適切な開示を求め，さらにESG課題に関する標準化された報告がアニュアルレポートに統合されることを求めている．第4に，投資業界において責任投資原則の受け入れと実践の促進を約束し，ESGインテグレーションを支えるツールを利用しはじめている．

株主重視のガバナンスモデルが浸透していたがゆえに，よく聞かれる問いがある．PRI（責任投資原則）を適用すると，取締役の受託者責任，特に企業に対する注意義務にどのような影響があるのか，というものである．この質問に対してUNEPFIと国連グローバル・コンパクト（UNGC）は，ESGの課題が投資とそのパフォーマンスに影響することは否定できるものではなく，これらの課題への適切な検討が，リスク調整後のリターンを最大化するという考えに基づき，ESGは明らかに取締役の受託者責任の範疇にあると回答している．また同時に，取締役が企業の最善の利益のために行動すべきとされる義務の範疇でもあるとしている．

もともと国連の支持を受けていたPRI（責任投資原則）ではあったが，英国や南アフリカなど一部の国には，責任投資のための独自のスチュワードシップコードの策定をもたらすことになった．これらのスチュワードシップコードは，投資判断へのESG課題の統合を促している．2009年に英国が導入したスチュワードシップコード[2)]は，英国における銀行破綻危機の直後に，危機の原因追及と，同様の危機が再び生じることを

2）財務報告審議会．https://www.frc.org.uk/Our-Work/Codes-Standards/Corporate-governance/UK-Stewardship-Code.aspx

回避する方法として『ウォーカー・レビュー』(Walker Review, 2009) が提案したものである．南アフリカの責任投資規範（CRISA：Code for Responsible Investment in South Africa）は，南アフリカの取締役協会 (Institute of Directors in Southern Africa) が2011年に公表した．南アフリカの投資家コミュニティは，統合報告を促進するものとしてCRISAを位置づけ，年金基金の受託者によるESGに関するルールの確立を支援するツールの一つとして策定された[3)]．

その結果，企業に対する注意義務を果たすべき取締役が収益拡大を目指すにあたり，環境や社会にプラスの影響となる方法で収益を得ているとの確認が期待されるようになった．ガバナンスの観点からみれば，無意味に数字を整えるのではなく，実効性を有するガバナンスを実行しなければならないのである．

質の高いガバナンスを実践するためには，取締役会は協調しながら，抱える問題に対して，知性を持って真摯に対応し，企業とステークホルダーの継続的な関係性を含む価値創造の源泉を考慮することが求められる．取締役会は，短期的な利益追求ではなく，長期的な価値創造に焦点を当てる必要がある．そうしなければ，マーク・カーニー（Mark Carney）が指摘したような「ホライゾンの悲劇」(英国中央銀行総裁であるマーク・カーニーが，気候変動は，ビジネスや政治のサイクル，そして行政機関などの境界を超えた影響を生じさせる問題であると指摘したスピーチの表題）につながるだろう．スピーチの全文は英国中央銀行のウェブサイトに掲載されている[4)]．

今後は，短期的利益の弊害や，米国のヒラリー・クリントン前国務長官のいう「四半期報告の横暴行為」から，企業の活動が経済，社会，環

3）南アフリカにおいて，アトキンス（J. F. Atkins）とマローン（W. Maroun）により発表された研究とインタビューから得たものである（Atkins and Maroun, 2014）．

4）https://www.bankofengland.co.uk/speech/2015/breaking-the-tragedy-of-the-horizon-climate-change-and-financial-stability

境にプラスの影響を及ぼすようなインクルーシブ・キャピタル・モデルへと移行しなければならない．

EU（欧州連合）では，非財務報告に関する指令がすでに施行されている．非財務報告指令を支持した欧州議会議員で，IIRCのCEOも務めるリチャード・ハウイット（Richard Howitt）は，透明性を高め，持続可能な発展を支援するEU指令の実施企業にとって，その適切なステップとなる統合報告を推奨している．この時，欧州委員会の会計および財務報告責任者のエリック・ノートボーム（Erik Nooteboom）も，「個人的には，統合報告は不可欠かつ，不可避であると考えている」と述べている．

六つの資本モデルは，取締役会が六つの資本を同等に検討することを促すものである．企業の収益獲得手法が，経済，社会，環境という三つの重大な側面にプラスの影響を与えるか，あるいはマイナスの影響を改善し，根絶するものであるかを確認するために，取締役会は六つの資本を同等に検討するのである．

自然資本プロトコル（The National Capital Protocol）は，自然資本を，途切れることのない便益を人々に提供する再生可能もしくは再生不可能な天然資源（例えば，植物，動物，空気，土壌，鉱物など）だと定義し，自然資本の直接的および間接的な（そしてプラスおよびマイナスの）影響や依存度を特定，測定，評価をするための標準化された枠組みである（Atkinson and Pearce, 1995; Jansson *et al*., 1994; Natural Capital Coalition, 2016）．自然資本プロトコルは，企業がその事業に及ぼす影響とマテリアルなリスクを評価するための基礎を提供する．このプロトコルに包含されているアプローチは，本質的に統合的思考を取り入れたものであり，自然資本，自然，野生生物，生物多様性，温室効果ガスの排出，気候変動に関する課題を企業のビジネスモデルと戦略に組み込むものである．このアプローチは，IIRCの取り組みと完全に一致しており，統合報告は，企業の自然資本への関わり方についての情報を開示する理想的な手段である．

新たな世界秩序の形成や，21世紀において意義あるレポーティングと会計の発展における大きな取り組みとしては，民間セクターとともに開発された国連の持続可能な開発目標（SDGs：Sustainable Development Goals）がある．SDGsの17の目標は，持続可能な発展を担保し，あらゆる形で飢餓と貧困に終止符を打つことを目指している．エチオピアの首都，アディスアベバで合意されたSDGsの最終文書には，「環境，社会，ガバナンスの要素をコーポレートレポーティングに統合することを含む，持続可能な企業実務を促進する」と述べられている（UN, 2015）．これは，より完全な価値創造のイメージを彷彿させる，包括的なマルチキャピタル・アプローチへのシフトである．長期的な価値創造を検討している企業は，気候変動や資源不足などから生じる将来のリスクについても検討するようになる．気候変動に関するパリ協定[5)]，SDGsとPRI（責任投資原則）は，それをより顕著に表している．

本書を通じた議論からも，将来の世代のために地球を守り，人類の安全を確保し，生物多様性の保全のためには，SDGsの達成が不可欠であることは明らかである．また，統合報告は，SDGsの成果や未達成事項を報告するための理想的な手段であると考えられる．SDGsの17の目標は，経済的，社会的，環境的な要素に応じて容易に分類し，統合報告の枠組みにおいて報告することができる．さらに，企業の統合的思考によって，SDGsを組み込むことは自然なプロセスである．例示として，統合報告のフレームワークを参照し，以下のようにSDGsの目標を分類することができる．これとは異なる分類も可能であり，例えば，目標7は，経済的な要素だけでなく，社会的な要素にも分類できる．

5）気候変動に関する国連枠組み条約による．
http://unfccc.int/paris_agreement/items/9485.php

統合報告書に開示する経済的な要素へのSDGsのマッピング

目標8：成長・雇用　　包括的かつ持続可能な経済成長，およびすべての人々の完全かつ生産的な雇用と働きがいのある人間らしい雇用（ディーセントワーク）を促進する

目標9：イノベーション　　強靭（レジリエント）なインフラ構築，包括的かつ持続可能な産業化の促進およびイノベーションの推進を図る．

目標12：生産・消費　　持続可能な生産消費形態を確保する．

統合報告書に開示する社会的な要素へのSDGsのマッピング

目標1：貧困　　あらゆる場所のあらゆる形態の貧困を終わらせる．

目標2：飢餓　　飢餓を終わらせ，食料安全保障および栄養改善を実現し，持続可能な農業を促進する．

目標3：保健　　あらゆる年齢のすべての人々の健康的な生活を確保し，福祉を促進する．

目標4：教育　　すべての人々への包摂的かつ公正な質の高い教育を提供し，生涯学習の機会を促進する．

目標5：ジェンダー　　ジェンダー平等を達成し，すべての女性および女児の能力強化を行う．

目標6：水・衛生　　すべての人々の水と衛生の利用可能性と持続可能な管理を確保する．

目標7：エネルギー　　すべての人々の，安価かつ信頼できる持続可能な近代的エネルギーへのアクセスを確保する．手ごろな価格，信頼性，持続可能で近代的なエネルギーへのアクセスを確保する．

目標10：不平等　　各国内および各国間の不平等を是正する．

目標11：都市　　包摂的で安全かつ強靭（レジリエント）で持続可能な都市および人間居住を実現する．

目標16：平和　　持続可能な開発のための平和で包摂的な社会を促進し，すべての人々に司法へのアクセスを提供し，あらゆるレベルにお

いて効果的で説明責任のある包摂的な制度を構築する．

目標17：実施手段　　持続可能な開発のための実施手段を強化し，グローバル・パートナーシップを活性化する．

統合報告書に開示する環境的な要素へのSDGsのマッピング

目標13：気候変動　　気候変動およびその影響を軽減するための緊急対策を講じる．

目標14：海洋資源　　持続可能な開発のために海洋・海洋資源を保全し，持続可能な形で利用する．

目標15：陸上資源　　陸域生態系の保護，回復，持続可能な利用の推進，持続可能な森林の経営，砂漠化への対処，ならびに土地の劣化の阻止・回復および生物多様性の損失を阻止する．

統合報告の環境的要素との関連でいえば，現在，地球上の動植物が，6度目の大量絶滅期にあるということだ．人々の多くは，人間の産業活動が，様々な種を絶滅に追いやっている速度と，その深刻さを認識していない．さらなる絶滅の阻止は，生物多様性会議で採択された愛知ターゲット[6]とSDGsの主目的である．目標14（海洋資源）と目標15（陸上資源）は，まさに海洋環境の保全と持続可能な利用を目指しており，「陸域生態系の保護，回復，持続可能な利用の推進，持続可能な森林の経営，砂漠化への対処，ならびに土地の劣化の阻止・回復および生物多様性の損失を阻止する」ことを目的としている．さらに，SDGsの目標15（陸上資源）では，2020年までに絶滅危惧種を保護し，絶滅を防止すべきだと述べている．愛知ターゲットの目標12（生産・消費）も，2020年までに既知の絶滅危惧種の絶滅を防止し，そのうち，特に最も減少している種に対する保全状況の改善を達成，維持する，となっている．

6）www.cbd.int/sp/targets

2016年９月に英国で公表された*State of Nature Report*（Hayhow, *et al.*, 2016）では，調査対象の英国に存在する種の半数以上（56％）が，1970年以降減少していることを研究者が指摘している．さらに，英国で査定された約8,000種のうち，10分の１以上が絶滅の危機に瀕している．この報告書は，英国が生物多様性に関するSDGsを順調に達成できておらず，種の絶滅を防ぐためには，さらに多くの努力が必要であることを示唆している．

生物多様性は，自然資本の中核的な要素である．企業は，比較的最近になって，ようやく生物多様性に関する情報や，生物多様性の保全と増殖を目的とした取り組みについて報告をはじめている．鉱業，石油，ガス，観光などの環境負荷の高い分野の企業は，生物多様性に関して最も多くの情報を提供している．しかし，生物多様性の保全活動や戦略に多くの資金を投じてはいるものの，そのアプローチはリスクマネジメント（例えばレピュテーション）に焦点を当てがちであり，人間中心のアプローチ，つまり，生態の営みの中で最も人に有用な種を中心とした報告になっていると研究者たちは結論づけている（例えば，Jones and Solomon, 2013; Atkins, *et al.*, 2014）．これは，あまり有用でない種や人気のない種は多くの場合には無視されていることを意味する．生態系と生物多様性に関する統合アプローチとは，地球の生態系のすべての種が相関関係にあると認識し，科学が発展していても，種の一つが絶滅することの影響について，我々がほとんど理解していないこと，つまり小さな昆虫でさえ生態系全体に影響を及ぼしうるという事実を理解していないと認識することである．

少なくとも人類の一員として，我々が最も懸念すべきは，生態系が一つ，また一つと連鎖的に絶滅を重ねれば，いずれ人類の生命も絶滅の危機にさらされるという明確な事実である．ハチという一つの種を失うことの影響を例に検討してみよう．ヨーロッパ全域で，ハチの種の約15

%が絶滅の危機に瀕している．広範に及ぶ（人類主導の）要因のために，商業用のハチも，野生のハチも，年々，その多くが世界各地で大量に減少している．単純に言えば，ハチがいなくなれば受粉ができず，作物が育たなくなり，食物がなくなり，人類もいなくなるのである[7]．

生物多様性の状況が直面する緊急性と，勢いを増す種の絶滅危機への流れが，いま「絶滅会計（extinction accounting）」の形成につながっている．国際自然保護連合（IUCN）によれば，絶滅危惧種に関連する二つのGRI原則がある．GRI原則のセクションG4-EN14は，IUCNのレッドリストを参照し，絶滅危惧IA類，絶滅危惧IB類，絶滅危惧Ⅱ類，準絶滅危惧，軽度懸念に分類したリスクレベルごとに，種に関する開示を求めている．GRIのガイドラインは，これらの情報開示により，絶滅危惧種に関する行動への変革が促されるはずだと述べている．しかし，この原則に従うだけの取り組みでは，種の「化石記録」が残るだけである．取り組みをさらに進める必要がある．後世のために記録を残すのではなく，絶滅との戦いを支援する会計の方法が必要なのである．

絶滅会計として開発されたフレームワークは，GRIの原則よりもはるかに進んだものである[8]．このフレームワークには，表9.1に示すステージが設定されている．このフレームワークの目的は，脅威にさらされている種について，企業に報告させるだけでなく，企業の効果的な行動，反省，そしてさらなる行動を引き起こすことを目的としている[9]．そして，このフレームワークは変革を，会計の専門用語でいうところの

7）ハチの減少による財務的および会計上の影響に関する詳細については，Atkins and Atkins（2016）を参照．

8）絶滅会計のフレームワークは，2015年9月24日にダンディー大学スタッフセミナー・シリーズ（Dundee Universtiy Staff Seminar series）で最初に発表され，Atkins *et al.*（2015）に含まれている．

9）「解体会計」の概念は，*Accounting and Emancipation: Some Critical Interventions*（Gallhofer and Haslam，2003）で確立された．これは，Gallhofer *et al.*（2015）でさらに研究され進化された．

「解体」を促そうとしている．解体絶滅会計は，世界的な種の絶滅の阻止を可能とするエコロジカルガバナンスの仕組みである．会計は地球を救うことができる．このあと著者が出版を予定している本では，世界中の企業による絶滅会計の実施状況を評価し，責任ある投資家やNGOが，どのようにして絶滅危惧種に関する企業行動の変革を促せるかを研究することにしている[10]．

表9.1■絶滅会計――絶滅防止のための報告段階

ステージ	アクション
ステージ1（ステージ1は，既存のGRI原則と同様）	IUCNのレッドリストで絶滅危惧種に指定されている動植物のうち，企業活動によって，その生息域が影響を受けるものの一覧を記録する． 企業の活動が，IUCNのレッドリストで絶滅危惧種に指定されている動植物に影響を与えている地理的な場所を報告する． 企業の事業活動がそれらの種に与える潜在的なリスクや影響を報告する．
ステージ2	絶滅危惧種の動植物に対する加害防止および絶滅防止のための企業活動やイニシアティブを報告する．
ステージ3	企業の絶滅危惧種への影響に関して取り組みを進める野生動植物や自然の保全団体または企業とのパートナーシップおよびエンゲージメント，また，それらのエンゲージメントやパートナーシップの成果と影響を報告する．
ステージ4	エンゲージメントやパートナーシップの成果および影響に対する評価と反省，方針／イニシアティブに必要な改善に関する決定事項を報告する．
ステージ5	企業の事業活動によって影響を受けるすべての種に関する定期的な評価（監査）の状況を報告する．
ステージ6	企業のイニシアティブ／アクションが，種の絶滅防止に寄与しているか否かに関する評価を報告する．
ステージ7	アクションやイニシアティブの将来的な発展と改善に関する戦略を報告する（継続的なプロセスとして）．

（出所）Atkins, *et al.*, 2015.

10）Atkins, J. F. and Atkins, B.（eds.）（2017）を参照．

SDGsの報告と同様に，統合報告は，絶滅会計を実施するための手段を提供する．実際に，生態に関する必要不可欠な報告と開示を，企業レポーティングの中核に据えられるのは統合報告のみである．大きな困難は，細部に落とし込んだ内に潜んでいるものなのだ．種とその保全活動に関する詳細な情報をコーポレートレポーティングに組み込むことが，絶滅へ向かうトレンドを逆転させ，我々を含む自然界を救うためには不可欠なのである．何度も言うが，SDGs，絶滅会計，ハチの減少などの社会，環境，経済に影響を及ぼすあらゆる要因を統合した統合報告書は，地球を救うことができると我々は考えている．

これらの議論から得られる結論は，いま，企業に関して，新たな秩序が形成されているということだ．PRI（責任投資原則）やSDGsを無視する取締役会は，資本調達に大きな困難をきたし，おそらく善良な企業市民とはみなされなくなる，という結果を招くであろう．これは，企業の時価総額にも悪影響を及ぼすこととなる．そして，ダッジ兄弟対フォード社のケースで見られたような株主優位の考え方や，「賢明なる株主」アプローチは，物事の新しい秩序に反しているという結論へと導かれるのだ．

SDGsと気候変動に関する合意の中核にあったのは，望ましい成果を達成するための民間セクターの役割と，報告実務の検討であった．ACCAと気候変動開示基準委員会（CDSB：Climate Disclosure Standards Board）は，企業業績の評価は，財務，社会，環境，ガバナンスの課題に関する情報に影響を受けるとの認識が高まっており，「経済，社会，環境は相互に依存し，それらの継続性は，環境資産，環境依存製品やサービスの使用，取引，交換を，いかに地球の限界に即して制限できるかに依拠している」と述べている（Guthrie, 2016, p. 13）．

社会的な趨勢は，企業が株主利益向上の先を見すえるべきであり，人類と地球に利益をもたらすことが企業にも利益をもたらすとの認識を推進している．

> 「ステークホルダーの関心を企業の事業計画や活動に組み入れることが，競争優位性や，より強固なソーシャルライセンスの確立，レピュテーション向上，サステナブルな実務慣行へとつながるとの前提のもとで機能する共有価値を創造する包括的な成長が企業には求められている.」(Guthrie, 2016, p. 15)

先述の新しい秩序への対処について，ACCAとCDSBは次のように述べている.

> 「新たなコーポレートレポーティングの秩序は，企業の様々な資本の使用と消費に関する過去の結果だけでなく，サステナブルなアウトカムに貢献するための企業戦略と長期目標をどう構築しているかの証明を求めている.」(Guthrie, 2016, p. 15)

また，このようなコーポレートレポーティングにおける新旧の秩序を比較するため，表9.2に示すポイントをあげている.

本書第Ⅱ部では，グローバルかつ国際的なイニシアティブを集約し，国連のSDGs，自然資本プロトコル，愛知ターゲット，新たにできつつある絶滅会計など，地球の存続にとって非常に重大な課題について企業が報告する際に，統合報告がいかに有効であるか，論証も試みたのである（図9.1を参照).

表9.2■コーポレートレポーティングにおける新旧の秩序

コーポレートレポーティングの 旧秩序	コーポレートレポーティングの 新秩序
長く，雑然としている	簡潔でマテリアルな事項のみ
ひな型的な説明	有効なコミュニケーション
回顧的で短期的	将来思考でより長期的
複雑	シンプルで探すのが容易
汎用的	読み手のニーズに敏感
株主向けの財務業績にフォーカス	組織とそのステークホルダーの 価値創造にフォーカス
規則に従った限定的な開示	個々の状況に即した透明性の高い開示
財務資本への スチュワードシップを投影	組織が依存し，また影響を及ぼす すべての資本への スチュワードシップを投影
静的，固定されている	最新技術を取り入れることが可能

（出所）Guthrie, 2016, Table 1. 1.

図9.1■統合報告がいかに地球を救えるか

SGDs（持続可能な開発目標），自然資本プロトコル，GRI（Global Reporting Initiative），愛知ターゲット，絶滅会計の報告手段としての統合報告

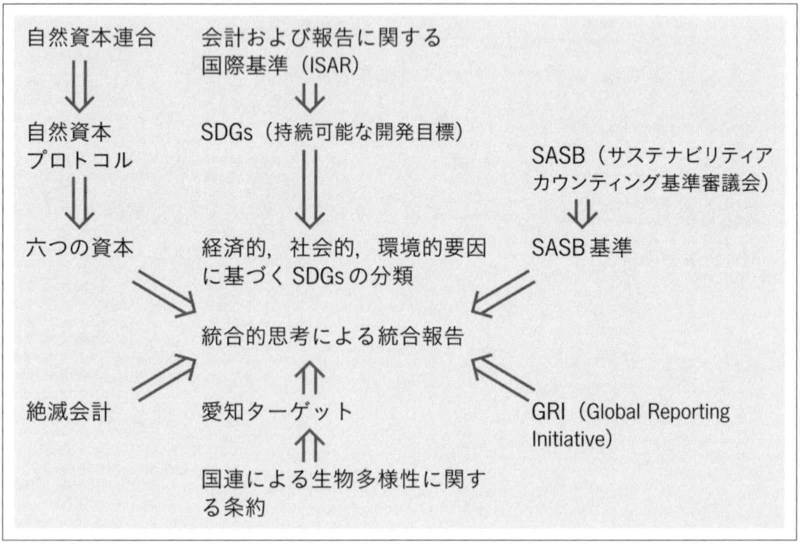

補章

企業価値向上とコーポレートコミュニケーション

芝坂佳子
Yoshiko Shibasaka

第1節　はじめに

本書第Ⅱ部においては，歴史的・社会的な変化を踏まえて，企業における報告の変遷について論じている．「報告する」という行為の枠組みや体制，また，その内容を改革することで，報告に至る企業の行動や，信頼性，効率性等を改善しようとする試みは，これまでも多く行われてきた．例えば，作成当事者が当初から意図しているかどうかはともかく，日本企業は統合報告書の作成を通じて，成果物としての冊子の提供だけでなく，そのプロセスにおける様々な担当者間での気づきや活動が，これまでの組織改革・改善にはなかった成果を生み出していることを実感しているようだ．

そこで本章では，日本における企業報告における変化を中心に，これらの活動に影響を与えてきた海外の動き等を踏まえて述べることとする．

VUCA（ブーカ：Volatility［変動性・不安定さ］, Uncertainty［不確実性・

不確定さ]，Complexity［複雑性]，Ambiguity［曖昧性・不明確さ，社会的環境の変化，価値観の多様化］の頭文字を取った用語）と呼ばれる事象に見られる社会の変化は，企業報告にもこれまでとは異なる枠組みを求めている．これらの変化に，局所的に適合するだけでなく，リスクを機会として活かして成長できる企業は，例えば，外部要因や資産状況の変化を自社の価値創造の中に統合させることができるだろう．日本企業はこれまでの当事者間の「ハイコンテクスト」な合意を前提としたコミュニケーションから脱却し，広くステークホルダーと呼ばれる存在との良好な関係作り，信頼感の醸成のためにも，新たな企業報告のイニシアティブを，価値向上のために活かすことが肝要となる．

第2節　情報開示のパラダイムシフト

(1)「財務報告（Financial Reporting)」から「より良い企業報告（Better Business Reporting)」へ

本書第5章「財務報告から企業報告へ」においては，ルネサンスの時代に生み出された複式簿記が，長期間にわたり企業の財務的な状況を計測し，報告することを可能にしたことが紹介されている．これにより，企業を取り囲む関係者（当時は，おそらく現在に比べると限られた属性と規模ではあったと想定される）が，企業の活動とその成果を理解できるようになっていった．また，ルネサンスの時代では，金融業が隆盛し，様々な交易がさかんに行われるようになってきており，その必要性が高くなっていた背景もある．

その後，経済の規模と量が飛躍的に拡大するのに伴い，またいくつかの市場の失敗などを経て，様々な制度やルールが導入されていった．およそ500年の時代をかけて，関係者が一般的に合意できる基準を土台として財務情報は洗練されていったのである．

しかし，20世紀も半ばとなる頃には，第3次産業革命の始まりとともに，社会の変化のスピードが急激に高まり，これまでの制度に対する見直しの必要性が指摘されるようになってきた．これまでの，「目に見えるもの・定量的に把握できるもの」に価値の多くを見出していた時代から，「目に見えないもの・定性的にしか表現しえないもの」に価値の源泉が移行していったのである．

大量生産で提供されるものよりも，より利用者個々の充足感を高めるような商品，差別化のあるサービスが歓迎され，これらを提供する企業の価値が高く評価されるようになっていく．産業間の競争ではなく，同じ産業間において収益の格差も大きくなっていった．

よく引用されるOCEANS TOMO社によるS&P 500企業の時価総額の構成要素の調査データを見ると，1985年から1995年の間に，無形資産（Intangible Asset）と有形資産（Tangibles Asset）が大きく入れ替わっていることがわかる（図1）．この間に，情報化社会が進展していったのである．同様に，これまでは局所的であり，多くは企業独自の問題で

図1■S&P 500企業に関する時価総額の構成要素

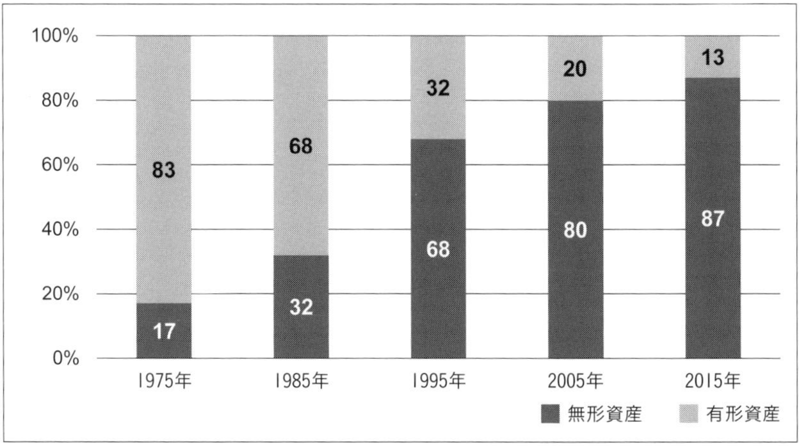

（出所）OCEAN TOMO社 ウェブサイト（KPMG一部変更）．http://www.oceantomo.com/2015/03/04/2015-intangible-asset-market-value-study

あった「公害」と言われる汚染が，サプライチェーンの拡大，事業スピードの変化，新興国による産業の勃興などにより，地球規模での「環境社会問題」となり，個別企業や地域を超えて対処すべき事象として取り扱われるようになってきた．

しかしながら，企業価値に大きな影響を与えるような経営情報の多くについては合意された基準がなかった．一方で，財務情報で説明しきれないような現在と将来の企業価値に影響を及ぼすと想定される内容に向けた外部の関心は高くなり，多くの企業は，制度に求められている報告に加えて，資本市場に向けた任意の開示（例えば，決算説明の資料，中期経営計画の説明資料）や，環境社会問題の深刻さへの理解と対応を示すための報告（例えば，CSR報告書）の作成に努力するようになっていったのである．

資本主義に不可欠な機能である市場における公平性，透明性，また，情報の信頼性を維持するとともに，関係者の意思決定に貢献していくためには，これまでの「財務報告（Financial Reporting）」にとどまらない，「より良い企業報告（Better Business Reporting）」に関する取り組みの必要性に，多くの人々が「気づき」はじめてきたのである．

なお，財務報告が担う役割や必要性には変わりはなく，ビジネスの複雑化とともに，より適切に実態の反映可能な報告を実現するため，制度の信頼性向上に向けた努力は，変わらず市場から期待されている事項であることも付記しておく．

⑵　企業報告の目的の変化

企業による報告の目的も大きく変わってきている．これまでの企業報告の多くの部分は，国の制度等に依拠し，あるいは，株式市場からの要請等に基づき，ルールを守る行為であり，それに違反することのないような義務的な対応であった．

したがって企業にしてみれば，企業報告は上場，あるいは操業のための「コスト」とみなされてしまう．訴訟リスクなどへの配慮から，できれば最低限の，同業他社となるべくかわらない程度の内容にすることが是とされがちだ．過去の実績の報告にとどめたコンプライアンス重視のプロセスであるとも言えよう．

しかし，いまは，同じ事業環境下で同業であっても，事業の成果と市場からの評価に大きく差異が生じるビジネス環境にある．市場における価値が，見えざる資産（インタンジブルズ）によって大きく左右される時代にあっては，もはや現在の業務上の「効率性」の良否のみ，あるいはその結果としての価格等のみが差別化の要因とは言えなくなってきている．

自社の存在意義や価値観に基づき，提供している，あるいは実現しようとしている価値を定義し，そのために必要な資源とその入手／配分等を示し，どのようなプロセスで，どれくらいの時間軸で，どのような対象に対してどの種の製品／サービス等を提供し，その結果，どの程度の財務的な成果と非財務的な成果が創出され，さらには，自社の存在意義を示す社会的な価値の提供へとつなげていくのか．それを描き出す力，実現するための経営体制にこそ，差別化要因があるのだ．これらの内容の実現可能性を示し，報告とコミュニケーションを通じて説明し，共感と支持を得るためにこそ，コーポレートガバナンスは機能するのである．

企業報告の目的はもはや，ルールや義務，コンプライアンスにとどまらず，自社の将来に向けて，内部・外部の関係者の関与を獲得するための説明をすることにあり，ここにその社会が有する限られた資源を用いて活動する企業の責任があるのである．

(3)　企業報告の内容の変化

企業が報告する目的の変化とともに，その内容についても大きな変化が見られるようになる．企業報告の多くは，「ある時点」の「ある定められた期間」における結果の報告が主であった．企業は，制度に基づき年間の収支を報告し，株主等に還元を行い，納税等により義務を果たさなければならない．また，財産の状況について報告し，健全性を示すことも信頼を得るために求められている．このこと自体は，社会制度の基本であり，法人としての企業の義務である．前述した複式簿記は，これらの行為を可能とするものである．

一方で，企業を取り巻く関係者の意思決定に貢献する情報は異なってきている．報告の目的がコンプライアンスだけではなく，企業の姿を示し，価値向上の成果を示すとともに，理解を獲得するためには，前述のような定点的で静的な内容だけでは，「より良い企業報告」を行っていることにはならない．

「より良い企業報告」を行うにあたっては，企業の一定の期間（例えば，半年，1年など）における活動の結果を示す財務的な成果を示すとともに，結果に対する経営者の分析や，ビジネス上の意思決定の方針，課題，さらには，持続的な成長に向けた考え方や施策等の，非財務・記述的な情報を，読み手が理解でき，納得できるように提供しなければならない．報告そのものを超えて，報告の内容が理解され，共感と合意を得られるような内容へと変わっていくことが期待されている（図2）．

ルール重視からコミュニケーションのツールとしての報告，そして，コンプライアンス目的から，企業の生み出す，あるいは，生み出そうとしている価値を表すための報告について整理をすると，次の5点のような要素となる．

①企業の長期に向けた戦略が報告の中で示され，短期的な戦略や成果と関連づけられている．

②財務的な内容と非財務的な内容に整合性があり，統合して説明されている．

③過去から現在，現在から未来に向けたストーリーが描かれ，将来の企業の社会的価値や影響・成果に重点がある．

④ビジネスの特性に基づく時間軸を意識した記述がなされている．

図２■「より良い企業報告（Better Business Reporting）」の考え方

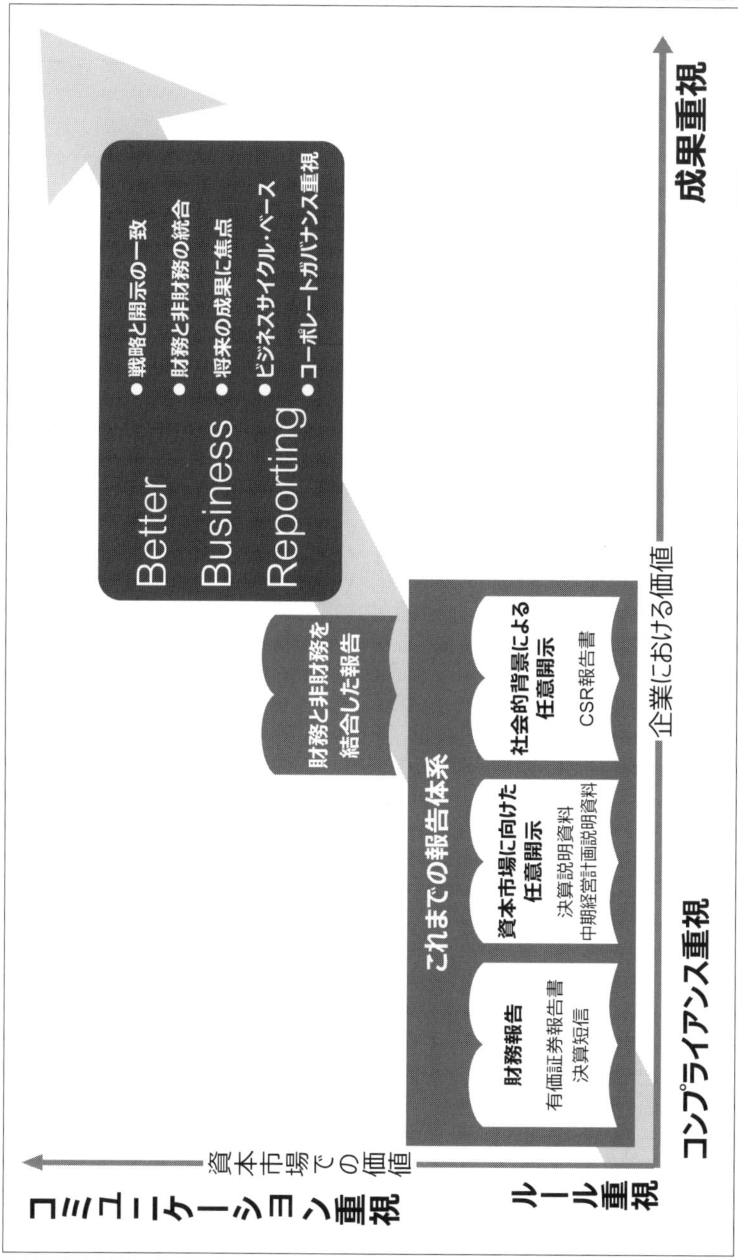

（出所）KPMG.

⑤制度上の対応だけではなく，価値向上を実現し，価値を創造し続けるための，戦略実現・実行の視点からのコーポレートガバナンスが重視されている．

第3節　なぜ，統合報告書を作成するのか

(1)　統合報告書に至る議論

統合報告書を作成する企業は年々増えてきている．企業価値レポーティングラボの調べによると，2018年中に日本企業が作成した「自己表明型統合報告書」は400を超えてきている．また，作成企業の時価総額を見てみると，2017年の段階で，半分以上（東証一部上場企業に占める割合）を占めるまでになっている．

しかし，グローバルベースで合意の取れた「統合報告書の定義」はいまだに，存在していない．制度的な背景が異なることもあるが，誤解が生じやすいのは，国際統合報告評議会（IIRC：International Integrated Reporting Council）の国際統合報告フレームワーク（IIRCフレームワーク）に基づき作成された報告書が統合報告書であると考えてしまうことであり，この適用に注力するあまりに，自社の本来の姿を伝えきれない事態も生じているようだ．特に取り組みを始めて間もない企業においては，統合報告フレームワークの要素の記載にとらわれがちである．

IIRCを構成する組織を見てもわかるように，IIRCフレームワークは2013年12月に公表されるに至るまでには，多様な関係団体の協力と関与により，時間をかけて議論が重ねられてきた成果物である．表面的にIIRCフレームワークの記述をなぞるのではなく，自社の特性やこれまで発信してきた内容を整理し，そのうえで，統合報告書の展開を目指して，熟慮して取りかかる必要がある．そのためには，「統合報告書」の今日までに至る議論についての理解が助けになると考える．これは，日本企業が統合報告書の作成に取り組もうとする際の動機のいくつかと類

似している．また，プロジェクトを遂行するうえで，関係他部署の理解や協力を得るため不可欠となる問題意識の共有にあたっても有用である．

まず，企業の価値創造の源泉が，見えざる資産（インタンジブルズ）に依拠する時代となり，財務的・定量的な情報だけではなく，非財務・定性・記述的な方法でしか表現できないものを組織内外で意識し，取り扱う必要性が出てきたことによる．例えば，内製された特許等の技術は財務諸表に計上されず，研究開発費は投資ではなく費用とみなされてしまう．また，企業の最大の財産とも言える人材，継承される技術，顧客とのネットワーク，ブランド等も大きく企業価値に影響を与えるが，これらを対外的に示し，市場における評価や，意思決定に的確に結びつけられてはいないだろう．

組織内においてこれらの状態に対するイニシアティブの一つと言えるのがナレッジマネジメントである．そして，組織内における試みやインタンジブルズを，財務的な価値や社会におよぼす成果と結びつけて示そうという試みが，経済産業省における「知的資産経営の開示ガイドライン」(2005年）であり，その後の内閣府知的財産戦略本部による「経営デザインシート」(2018年）は，統合報告書作成に取り組むためのベースとなる．

前述のように，IIRCフレームワークが公表されたのは2013年であるが，日本においては，投資家等の意見を参考に，日本企業にとって利用しやすいツールとなるべく経済産業省が「価値協創ガイダンス」(2017年）を示している．

次に，資本市場における企業情報開示の向上の視点からの取り組みである．

企業における会計不正による財務情報の信頼性への懸念や，繰り返される市場の失敗とも言える事件（例えば，リーマンショック，欧州通貨危機）の中で，新たな規制の導入などがその都度，行われてきた．市場における意思決定に資する情報の信頼性は，市場が機能するための根幹である．また，透明性や比較可能性を担保することが，情報の活用に不可欠なものとなっている．

1990年以降，市場価値の多くがインタンジブルズによって左右されてくると，より良い市場の形成のためには，これまでの財務情報を主とする情報開示と報告の限界が指摘されるようになってきた．この意識を表したターニングポイントとも言える報告書が1994年に米国公認会計士協会（AICPA：American Institution of Certified Public Accountants）が公表した「ジェンキンス・レポート」である．

その後，米国においては，エンロン・ワールドコム事件などにより，財務情報の信頼性に関する懸念への高まりとともに，非財務情報に関する開示と報告に関する議論は沈静化してしまったが，AICPAが中心となって設立したEBRC（Enhanced Business Reporting Consortium）が検討を続け，2006年に提唱されたEBRCフレームワークは，IIRCフレームワークの議論形成に大きく貢献することになった．

2010年に設立されたSASB（Sustainability Accounting Standards Board）は，2013年に概念フレームワークを公表し，2018年11月に79業種の企業のサステナビリティ項目に関するメトリックスを公表している．SASBは財務的価値に影響を与える事項に焦点を当て，投資家にとって有用な情報であることに主眼を置いている．このため，企業と投資家の対話に基づく相互理解や，比較可能性，透明性や信頼性とともに，SASBの基準そのものが広く公正であると認められるためのプロセスを重視し，活動を推進している．

英国においては，2006年にOFR（Operating and Financial Review）が，制度的に導入され，経営者が財務成績に加えて事業の内容等について説明することが求められるようになった．2013年からは，ストラテジックレポートとして，アニュアルレポートの一部としての作成が行われている．2014年に公表されたガイダンス（2018年に改訂）では，IIRCフレームワークとの親和性が高いものとなっている．

なお，英国においては，2012年にロンドン大学のケイ教授（John Kay）による「ケイ・レビュー」が公表されたことも，制度的な対応を推進する動機となっている．ケイ教授は，市場の失敗が繰り返される背景は市場と企業双方の短期志向にあるとして，短期的な財務的価値の追求ではなく，長期的な視点を有する必要性を指摘している．

3番目の視点として，前述のVUCAに代表される社会の変化が引き起こした環境問題の深刻さと，社会的な課題が及ぼす企業価値への影響の拡大に対するものである．従来，環境問題や社会的課題への対応は，企業の市民社会に対する責任ある行動として求められてきた．特に，欧州で成熟している市民社会の中で，資源の大量利用に伴う環境への配慮は不可欠なものとされたし，人権問題等に敏感なNPOなどによる不買運動も同様である．企業は「地球市民」であることを求められ，その活動を説明するために，CSR・サステナビリティ報告書等を作成するようになっていった．

GRI（Global Reporting Initiative）は1997年に米国ボストンで設立された団体で，その後，オランダ・アムステルダムに本部を移し，現在に至っている．GRIが公表しているガイドライン（最新版は2016年に公表されたGRIスタンダード）は，多くの企業においてCSR報告書作成の参考にされている．GRIは，環境や社会の持続可能性に対する企業活動の報告や，これと関連する経済的インパクトの説明を主としており，企業のビジネス活動や，将来に向けた戦略等を語るためのガイドラインではない．想定する対象者も，マルチ・ステークホルダーであり，投資家や株主に重きを置いていない点にも留意すべきである．

しかしながら，環境や社会の課題が深化，複雑化するにつれて，企業市民としての「良い活動を行う義務」の範疇を超え，企業の財務価値に多大な影響を及ぼすことが明らかになってきた．システミックリスクの脅威として，リスクマネジメント上，企業のマネジメント層が留意し，検討する事項となっていったのである．

また，これまでの「事業を通じて環境や社会的な課題に貢献する」という段階から，経営が考慮すべき事項として，統合され，「環境や社会的な課題に貢献することで，自社価値を向上させ，財務的な価値を実現する」といった機会としての認識が浸透してきた．CSVを提唱しているマイケル・ポーターが述べている「社会的課題の解決のために事業を活かす」ことが時代の要請であり，中長期的な価値の向上をなしうるサステナブルな組織なのである．

以上のように，ここまで三つの視点から，現在の統合報告書に至る議論を整理してみた．これら三つの取り組みは，これまでは別々の部署で対処されてきたであろう．統合報告書は，これらの要素を「企業の価値創造ストーリーを語る」ために，集結させ，合理的に理解しやすく語られる必要がある．どの視点が適切であるとか，正しいか，あるいはまちがっているか，ではなく，「すべて」をつなぎ合わせる作業なのである．この作業によってこそ，統合報告書はその役割を果たすことができる．統合報告書に至る幅広い議論の一つの帰結が，IIRCフレームワークであることも，その証左としてあげられよう（図3参照）．

⑵　統合報告書を作成するということ

統合報告書は，報告のためのプロセスから創出される成果物の一つにすぎない．「統合報告書を作成する」ために，これまでは各部署や部門の「サイロ」の中で取り扱われてきた事項が，その壁を越えて相互に理解しあい，価値向上のためのストーリーを紡ぐものとして，結び合わされていく必要がある．相互理解のためにはコミュニケーションが不可欠であり，推進を支援する仕組みも不可欠であろう．

トップダウン，ボトムアップの流れだけでなく，部門を超えた横の連携も可能な統合的（integrated）なコミュニケーションが形成されていくプロセスが，統合報告書の内容を充実させることになる．これは，IIRCフレームワークの中では，Integrated ReportingとIntegrated

図３■非財務情報開示に関する議論の変遷

1995年
2010年
2012年
2014年
2016年
2018年
2020年
①価値創造
IIRC（2010年）
▼2013：IIRCフレームワーク
経済産業省
▼2005：知的資産経営の開示ガイドライン
▼2017：価値協創ガイダンス
内閣府
▼2003：知的財産戦略本部の設立
▼2018：経営デザインシート
②財務報告書の限界
金融庁
▼2017：金融審議会
「ディスクロージャーワーキング・グループ」
IASB
▼2010/12：Management Commentary（MC）公表
▼2017：MCのフレームワーク更新作業開始
FRC
▼2006：Operating and Financial Review
▼2013：Strategic Report（SR）要請
▼2014：SRガイダンス公表
▼2018：SRガイダンス改訂
SASB（2010年）
▼1994：ジェンキンス・レポート※
※AICPAが公表
▼2013：概念フレームワーク公表
▼2016：11セクター79業種のスタンダード完成
▼2018：11セクター79業種のスタンダード改訂
③持続可能性
環境省
▼1997：環境報告ガイドライン公表
▼2012：環境報告ガイドライン改訂
▼2018：環境報告ガイドライン改訂
GRI（1997年）
▼1997：GRIガイドライン草案公表
▼2000：G1, 2012：G2, 2006G3
▼2011：G4ガイドライン
▼2016：GRIスタンダード
CDSB（2007年）
▼2010：気候変動報告フレームワーク
▼2013：気候変動報告フレームワーク改訂
▼2015：CDSBフレームワーク
▼2018：CDSBフレームワーク改訂
FSB
▼2015：金融安定理事会（FSB）がTCFDを設立
▼2017：TCFDが最終報告公表

（出所）KPMG.

Reportの違いと明記されていることが参考になる．

ここで，鍵となるのは，Integrated Reportingを可能とするものは何か，ということである．企業が目指す財務的な価値の成果と，創出しようとする社会的価値，さらに，価値の定義の背景にある会社が目指す姿や使命に対する共有された理解である．

多くの企業が社是を有している．社是は，企業活動を支える根幹として，トップマネジメントの長期視点の戦略的な意思決定から，現場の担当者の日々の行動に至るまで，その「ベクトル」を合わせるものとして浸透していることが望ましいだろう．しかし，なかなか難しい現実がある．トップマネジメントは現場から，しばしば遠い存在であるし，日々の業務においまくられている担当者にしてみれば「目の前の問題」こそが急務であり，「きれいごと」につきあっている場合ではない，という（顕在化しているかどうか否かはともかく）心情になりがちである．

統合報告書で示される価値創造ストーリーを実現するためには，同じ目標（アウトプット，アウトカムの両方）を具体的に共有し，これに向けた役割をそれぞれの立場で意識できるような取り組みを進める必要が出てくる．

例えば，財務的な価値を表すためにROICを用い，そのツリーを示している企業がある．すべてを報告する必要はないが，業務プロセスは何らかの形で，ROICを構成する「数値」と関係を有しているはずであり，担当者とともに検討してみるのは一考である．「統合報告書での提示」をきっかけとして，自らの責任範囲が他プロセスにどのような形（例えば，プラスなのかマイナスなのか，どの程度の大きさ・強さなのか，どれくらいの時差で影響してくるのか）を考えてみることは有用であろう．

統合報告書を作成することは，自社の価値創造を形作る要素の特性を知ることにつながる．トップマネジメントだけでなく，それぞれのマネジメントレベルでの意思決定の整合性が生まれ，価値向上のために「統合された」ビジネスを遂行するためのツールなのである．

第4節　統合報告書に取り組むメリットと企業価値への影響

統合報告書を作成することは，難しい．すでに，多くの任意の報告書が存在するばかりでなく，各種説明会の資料などの作成も行わなければならない．そのうえに，「また，新しい報告書！」となり，コストだけでなく，人的リソースと時間も費やさねばならず，さらには，単年ではなく，数年にわたるプロジェクトとして取り組まなければならない．

しかしながら，すでに統合報告書を作成している企業が400社を超える中，多くのメリットも実感されるようになってきているようだ．そこで，内部と外部の両方の側面から，短期的・中長期的について，整理してみる．

ただし，いずれの場合においても，まず検討すべきは「何のために」「誰に対して」「誰が」「何を伝えるものなのか」について，関係者間で明確にし，プロジェクトの途中でなされる意思決定に戸惑った際には「立ち返る」ようにするべきだろう．特に，今後は，企業の「誰が」伝えているのかに多く関心が寄せられてくるであろう．なぜなら，「報告」は，企業に課せられている基本的な責任を遂行するための活動，すなわち，アカウンタビリティの実践だからである．

(1)　企業の内部への影響

統合報告書への取り組みを通じて，多くの企業が，内部におけるメリットを実感している．

まず，短期的には，これまでコミュニケーションがなかった部署間の情報共有がなされ，場合によっては，新たな価値につながる気づき（例えば，新製品）や知識を共有（例えば，新規プロジェクトチームの組成）できる可能性が高まることや，外部に公表されたコミットメント（例えば，ROEなどの目標数値）を「ものさし」にして，達成に向けた現場の行動をつなげること，また，場合によっては，単純に報告書作成のコスト（例えば，印刷代）の低減なども見込めよう．

長期的に見ると，より本質的に企業価値に向けた効果へとつながっていく．例えば，ロイヤリティが醸成され，エンプロイエンゲージメントの向上による優秀な人材の確保と能力の拡大，情報・知識共有による新たなビジネス展開に向けた選択肢の増加と的確な判断への寄与などがある．

統合報告書は，新卒採用の際に用いられていたり，海外現地法人や子会社における組織目標の共有などに活用されている例もある．特に，人材の多様性が企業の活力につながっていく中，共通の価値観を醸成する必要性は高まってくると思われる．また，コーポレートガバナンスの課題の一つである経営人材の育成の面からも，組織内のサイロを「横串」にでき，また，経営が目指す方向性を対外的に説明するうえで統合報告プロジェクトは，有効な場と言えるであろう．

⑵　企業の外部への影響

「統合報告書の読み手は誰とするのか」によって，どのような外部的効果を目指すのかは異なってくる．IIRCフレームワークは，目的と利用者について次のように記載している．

> 「統合報告書の主たる目的は，財務資本の提供者に対し，組織が長期にわたりどのように価値を創造するかについて説明を行うことである．それゆえに統合報告書には，関連する財務情報とその他の情報の両方が含まれる」
> 「統合報告書は，従業員，顧客，サプライヤー，事業パートナー，地域社会，立法者，規制当局，および政策立案者を含む，組織の長期にわたる価値創造能力に関心を持つすべてのステークホルダーにとって有益なものとなる」

統合報告書の主たる目的の対象は，「財務資本の提供者」である．加えて言えば，統合報告書は長期的な視点に立つものであるために，該当する主たる投資家は，長期的な視点を有する投資家と見ることができる．

その前提に立ち，外部への主たるメリットを考えてみよう．

短期的には，「統合報告書を作成している」という事実により，企業のアカウンタビリティ（説明責任）に対する積極的な姿勢を表すことになろう．しかし，すでに400社を超える統合報告書が存在する中では，たんに「発行している」だけでは，さらなる評価の獲得にはつながっていかない．

例えば，コーポレートガバナンス報告書や有価証券報告書からの転載にとどまっていたり，内容に整合性がなかったり，何より中心となる「価値創造ストーリー」がわからない等の場合には，統合報告書が発行されていたとしても主たるターゲットである投資家の訴求するものとはなりえない．

一方で，統合報告書により，メッセージを取りまとめて発信し，様々な場で共通に利用するようになれば，対外的に統一性のある訴求が可能となっていく．また，作成のためのコストや手間も削減できるだろう．

これらの結果，企業は自らのメッセージを的確に相手に伝えることが可能になり，さらには，その内容が充実しており，マネジメントの責任をもって公表された信頼性の高いものであれば，中長期的には，的確な組織外からの評価の実現につながっていく．例えば，ボラティリティの改善，資本コストの低減などが期待できる．

いずれにしても，いまだ，統合報告書についてのデータベース等が存在しておらず，取り組み始めてからの歴史も浅いために，定量的な分析での立証は，いまだに十分ではない．しかしながら，市場関係者等の経験による見識などから，有効なコミュニケーションの手段としての評価が定まりつつあり，特に経営者のリーダーシップに基づく長期的な取り組みの推進が，組織のカルチャーに根差したインパクトを生みつつある．

第5節　持続可能な社会を実現するための統合的思考

⑴　アウトカムを考えるということ

統合的思考の実践に不可欠なのは，アウトカムを考え，さらには，そのアウトカムの先にある自社の新たな価値創造ストーリーへの展開へとつなげることだ．いわゆる「エコシステム」の中にある自社の責任と，その遂行の表れである価値創造の展開とその実現を目指す活動である．

最近では，社会や環境に関する取り組みとビジネスのインテグレーションや，その対応だけにとどまるのではなく，「どれだけインパクトを及ぼすものなのか」を意識したインパクト投資の動きもさかんである．その影響の対象となるのは，企業が計測できる範囲を超えて，企業が置かれている社会であり，統合報告の特徴の一つであるマルチキャピタリズムの考え方の中では納得感がある．

しかし，日本における多くの統合報告書では，「アウトプット」と「アウトカム」の考え方が整理されていない．社会的に価値のあるものを提供してこそ，企業は成果（アウトプット）を獲得でき，その結果，財務的な価値も獲得することができ，社会にインパクトを及ぼすことが，さらなる成長へとつながっていくのである．

IIRCフレームワークで，アウトカムには「正と負の両面」がある，と明記していることに留意すべきである．さらには，アウトプットは他社と類似のものであっても，アウトカムにこそ，企業の創造する価値の独自性が表出してくるものなのだ．自社独自の価値創造ストーリーの説明には，アウトカムの定義（できれば数値を伴う表明）があれば，企業の様々な投資や事業活動が整合性を備え，また，つながっている（結合性がある）ものとして，利用者の意思決定に貢献することになっていくと期待できる．

⑵　統合思考の展開とSDGs

本書第9章では，SDGsとコーポレートレポーティングの関係について触れている．

SDGsとは，民間セクターとともに国連が開発した，持続可能な開発目標（Sustainable Development Goals）であり，日本でも官民あげての取り組みが進行中である．SDGsは，その17項目を個別に検討するものではなく，社会の持続可能性の脅威であるシステミックリスクを，現実的な項目へと展開したものなのであり，これらを統合的に展開してこそ，その目標に到達できるのである．それゆえに，統合報告の実践は，SDGsの実現の有効な手段となることが指摘されている．事実，最終文書には，「環境，社会，ガバナンスの要素をコーポレートレポーティングに統合することを含む，持続可能な企業実務を促進する」と述べられている．

また，SDGs Compass（SDGsの企業行動指針——SDGsを企業はどう活用するか）においても，推進するための報告とコミュニケーションが果たす役割について指摘を行っており，それによって，社会が共通で目指すべきゴールについてのそれぞれの役割が果たしうるのである．

しかしながら，現状の統合報告書の多くでは，目指すべきゴールへのコミットメントではなく，業務プロセスへのSDGsの17のゴールをプロットするにとどまっているケースが多い．企業が生み出すアウトカムとSDGsの目標にどう貢献するのか，あるいは，どのようなインパクトが，社会の共通目標達成に対して，どの程度貢献することを目指すのか，の記載がなされるべきなのである．もちろん，そのためには，目標達成のプロセスを明確にしていかなければならないだろう．「取り組んでいること」だけでは，企業に期待されている役割に臨む姿勢とはならない．

託された有限な資本を用いて活動を行っている組織にとっては，その成果にまでコミットすることがその責務であり，これこそが「社会的な責任を果たす」活動なのである．

第6節　コーポレートコミュニケーションを支えるもの

(1)　コーポレートガバナンスの向上と統合報告

IIRCフレームワークの中で，日本企業にとってわかりにくい要求事項の一つが，「ガバナンス責任者」のレポーティングへの関与である．日本企業では，いったい誰が「ガバナンス責任者」なのかがわからず，特定できないのである．これは，日本企業の取締役会の多くが「マネジメントボード」であり，「モニタリングボード」ではない現状があるからである．

歴史的に日本企業は，経営の監督と執行が一体化した形態（「マネジメントボード」）を取っている．しかし，IIRCフレームワークの作成に関与した多くの組織が属する国の多数では，経営の監督と執行が分離される体制（「モニタリングボード」）が一般的であり，その中では，「ガバナンス責任者」の多くは，取締役会議長となる．一方，日本では，取締役会議長の役割を果たすのが誰なのかわからないケースもある．また，会長の職務に就く人が，実質的には，前社長であり，執行に関わる場合も珍しくない．

南アフリカは，いち早く統合報告書の提出を制度的に導入した国である．この背景には，コーポレートガバナンスをより推し進めるという動機があった．「統合報告書を作成する」という業務を通じて，説明の背景となる企業経営体制の整備を推し進めて，信頼性と透明性のある報告により，説明責任を全うすることを促す．このためには，これを下支えするコーポレートガバナンスの実質的な機能の実現が不可欠となってくるからである．

統合報告書は，経営の執行責任者が価値創造ストーリーを，過去から現在，現在から未来に向けて，自社のビジネスサイクルを念頭に，自ら語るための枠組みとなる．企業活動を通じて生み出す価値に対するコミットメントは経営者の責務であり，その実現のために，取締役会は，株主から託された責任を果たす義務がある．この両者は，同じ目的のために，行動するのである．そのためには，取締役会の機能のあり方が問われているのである．

日本では現在，コーポレートガバナンス改革が進んでいる．形式的な側面では，大きな進展が見られているとも言えるが，統合報告書の記載を見るかぎり，まだまだ多くの課題が指摘できる．読み手が，統合報告書の記載から「信頼できる誠実なコーポレートガバナンス体制である」と得心できる企業は，現状では数少ない．

統合報告書に記載されている内容の多くは，ルールや社会的に合意の取れた意味で記載されているものばかりではない．そのような情報から構成された報告書に信頼を帯びさせ，外部関係者の意思決定に資するものとするためにも，コーポレートガバナンスの仕組みや，ガバナンス責任者が関与を表明することには意義がある．難題の一つではあるが，企業の誠実さを明確に表す「関与の表明」のある報告書が，今後，増大することを期待したい．

⑵　人と企業，社会の新しい関係

SDGsの取り組みが支持される背景は，社会を構成する組織と個人が，それぞれの利益を求めて「競争」する時代から，相互の違いを活かし役割を果たしあう「共創」の時代へと変化しているとの実感であろう．一方で，新たな保守主義の台頭や，ポピュリズムの蔓延などによるリスクも高くなっている現状がある．

しかし，これらのリスクの背景には，資源の枯渇や取得に関わる紛争，企業のグローバル化に伴うサプライチェーンが生み出す課題，富の偏在による社会的不安の深刻化などがある．SDGs達成のための活動は，背景となるこれらの課題に対する根本的な解決策なのである．ただし，多くの時間がかかるし，目標達成のための相互の協力体制がなければならない．

そのために何が必要なのだろうか？　その一つの解が，統合的思考に基づく企業行動である．コミュニケーションはその媒体であり，持続可能な価値創造と社会の実現に貢献するために，統合報告は，いま，始めることのできる有効な取り組みなのである．

第III部

Value Creation
and the Chief Value Officer

価値創造と チーフ・バリュー・オフィサー

本書第III部は，価値創造について掘り下げる．すなわち，価値創造に不可欠な仕組みを包含する枠組みについて論じる．包括的なガバナンス，ステークホルダーの包括性，統合報告，およびチーフ・バリュー・オフィサー（CVO）の役割を統合することが，最も効果的かつ責任ある価値創造の手段となるという考え方を示し，次に，価値創造，統合報告，統合報告を価値創造に結びつける方法，CVOの役割について順に論じる．最後に，会計教育と会計人の教育（金融機関，アナリスト，投資家などの研修を含む）の変革の必要性について議論する．

第10章

VALUE CREATION

価値創造

1990年代後半から，企業の市場価値に占める無形資産（インタンジブルズ）の割合が最大80％にまで上昇していることは先述のとおりである．機関投資家は，受益者に対する注意義務を果たすために，企業の長期戦略，社会におけるレピュテーション，サプライチェーンの監視方法，ステークホルダーとの関係性，ガバナンスの質，事業活動などが経済，社会，環境の三つの重大な側面にプラスまたはマイナスの影響を及ぼしているかどうかについて，評価を行わなければならない．

簿価は，財務諸表に基づいた企業の事業価値を意味している．また企業の資産の合計と負債の合計の差でもある．負債を払い終えた後に正の残高がある場合には，最終的なステークホルダーである株主がその価値を受け取ることができるがゆえに，株主価値にも相当する．

市場価値は，証券取引所に上場している企業の株式取引において示される価値である．市場価値は，発行済株式数に取引所で成立した株式の価格を乗じて決定される．つまり，発行済株式数に株価を掛けたものが，その会社の市場価値である．簿価が市場価値よりも大きい場合には，ステークホルダーが，企業が持続可能な方法で価値創造を続けることに対する信頼を失っていることを意味している．残念ながら，そうした企業は，持続性を有する事業体としては，ポジティブなパフォーマンスを上げ続ける能力を有するとは見なされていないのである．これとは逆に，市場価値が簿価を上回る場合には，ステークホルダーが，その企業が長期的に持続可能な方法で価値を創造できると信頼していることの裏返しである．つまり，財政的なレンズを通して見れば，収益の増加を示唆しているのである．また，簿価が市場価値と等しい場合は，ステークホルダーが企業の価値の向上を見込んでいないことを示す．おそらく，長期的な収益創出や価値創造の能力があることを示す企業の長期戦略が伝えられていないのであろう．

簿価は，財務報告基準に準拠した貸借対照表の構成要素と負債の合計により決定づけられるが，これは，企業のビジネスモデルや，ビジネスモデルがもたらすアウトプットが六つの資本に及ぼす影響を考慮していない過去の財務情報である．企業活動の一側面のみを反映するこの過去情報だけでは，投資家に対しての十分な情報に基づく投資判断をアシストしているとは言い難い．他にも，企業の価値に関する財務的な指標には，特定のリターン率を考慮した将来キャッシュフローの割引現在価値があるが，将来キャッシュフローを適切に評価するためには，割引率が適切でなければならない．この二つの財務数値は，財務以外の必要不可欠な資本を考慮していないことがわかる．IIRCの六つの資本の考え方を適用するならば，取締役会は，これら資本のすべてについて等しく検討することになる．

統合報告は，企業が価値を創造し，そのストーリーを伝えるために役立つものである．まさに，「企業が語る物語（corporate narrative）」の進化は，企業イメージとレピュテーションにとって非常に重視すべきものであり，すべて価値に貢献する．統合報告を通じて，取締役は長期的な価値創造を牽引するドライバーをよりよく理解し，それらを互いに結びつけることができるようになり，より良い戦略策定へとつながっていく．それゆえに，価値創造に役立つのである．そして，統合報告の読み手は，組織の内部と外部の双方に対し，企業価値が，いかに効果的に創出されたのか，長期的価値のドライバーがいかに結びついているのかを明確で簡潔な，かつわかりやすい言葉で理解することができる．以下のコメントは，この価値創造を示すものである（Tomorrow's Company, 2014）．

「統合報告は，戦略的メッセージを明確に伝える場をもたらすものです．我々のビジネスモデルは何か？　いかに価値を創造するのか？　ステークホルダーの幅広い見解と我々の関係性はどのようなものか？　なぜ我々のビジネスモデルは長期的に持続可能なのか？これらは，多くの読み手が企業に投げかけている問いであり，挑戦なのです．」（ラッセル・ピコット（Russell Picot），HSBC社 最高会計責任者）

「価値創造に関するレポーティングと価値創造の区別は大きな意味があります．より良いレポーティングは，何がより良い価値創造につながるかの理解を導くものです．」（アラン・スチュワート（Alan Stewart），マークス・アンド・スペンサー社 CFO）

「経済的価値は，過去でなく，将来を考慮したコンセプトであり，ましてや，進んで困難に立ち向かうためにつくられた報告の枠組みではありません．経営陣は，統合報告フレームワークを通じて将来の定性的および定量的な見通しを伝える機会を得るとともに，価値創造の見通しに対する結果に説明責任を負う心構えを持つべきです．」（ケン・レヴァー（Ken Lever），Xchanging社 最高経営責任者）

「統合報告は，財務データを環境，社会，ガバナンス，およびその他の課題と組み合わせて企業戦略を伝えるための包括的なアプローチをマネジメントに提供します．それゆえに，CEO，CFO，COOなど経営を司るレベルの役員は統合報告に関わるべきなのです.」（デビッド・ブラッド（David Blood），ジェネラル・インベストメント社シニアパートナー兼マネージングパートナー）

「何十年にもわたり，投資家の意思決定は財務諸表の情報に支配されてきました．今日の世界では，企業がいかにサステナビリティの問題に効果的に対処するかが，財政状態および将来の見通しに影響を与えます．十分な情報に基づく意思決定を行うためには，長期的価値を創造する要素を相互につなぎ合わせることができるような，業績に関する統合的理解が必要であるという認識を，企業と投資家の双方が高めていることからも，統合報告は先進的であると思います.」（ジーン・ロジャーズ（Jean Rogers）博士，SASB CEO & 創立者）

2014年7月，米国公認会計士協会（AICPA：American Institute of Certified Public Accountants）と英国勅許管理会計士協会（CIMA：Chartered Institute of Management Accountants）が，世界のCFO，CEO，COOの393人に調査を実施したところ，94％が，自らの事業がどのように価値を創造したかを説明できることが大切だと述べた．そのうちの92％は，財務情報と非財務情報を統合すれば，事業が時間をかけて，いかに価値を創造したかを説明しやすいと感じている．

ユニリーバ社のグループコントローラであるチャールズ・ニコルズ（Charles Nichols）もこう述べている．

「私たちは，ユニリーバのような企業が長期的な解決策を必要とする課題に直面している不安定な世界にいます．したがって，組織やビジネスリーダーが，組織内で長期的な視点をいかに奨励し，それをストーリーとしてどのように外部へ伝えるかを考えることは当然だと言えます．2010年に，ユニリーバでは持続可能なビジネスモデルの構築を目指し，ユニリーバ・サステナブル・リビング・プランをスタートさせました．これは，私たちのビジネスのやり方に，以前とは異なる思考を取り入れるための触媒となるものでした．これは，当社の事業における進捗状況の測定に，より統合的なアプローチを採用するとともに，当社の長期的ビジョン（事業規模を倍増させながらも，環境負荷を低減し，社会へのポジティブな影響を増大する）に関して外部の様々なステークホルダーに報告する方法を採用するものでした．統合報告は，ビジネスモデルと価値創造の方法を考えるうえで，非常に強力なフレームワークです．組織がどのように価値を創り出し，どのようなリスクテイクをしていたのか取締役会でさえ，把握していなかったことが明らかとなった企業の失敗例は十分すぎるほど多くあります．持続可能な長期的パフォーマンスの推進は，自らの組織のビジネスモデルを深く理解し，成功した姿を具体的に示すことから始まります．そこから，整合性の取れた戦略，財務および非財務の適切な指標，そしてビジネスリスクの評価へと，結合して流れていくのです．これらはすべて，持続可能でパフォーマンスの高いビジネスの前提条件です．統合報告フレームワークは，組織内のパフォーマンスを高め，組織の進捗状況を外部に報告するために必要な統合的思考を奨励しているのです．」
(Tomorrow's Company, 2014)

RPMI Railpenインベストメンツ社のコーポレートガバナンス担当責任者（当時）であるフランク・カーティス（Frank Curtis）は，企業が価値を生み出す方法を理解することに関して，以下のように述べている．

「私は投資家として，またインターナショナル・コーポレート・ガバナンス・ネットワーク（ICGN）への関与を通じて，統合報告を支持してきました.」

「財務会計は時間をかけて進化を遂げてきましたが，組織の全体像を伝えてくれるものではありません．また，将来に向けた考慮も十分ではありません.現在の財務会計は,人的資本や自然資本といった長期の投資決定に不可欠な長期的なマクロ経済要因を考慮していません．これらは，企業のビジネスモデルと戦略の重大な側面の一つです．たいていの投資家は，そのことを理解していますし，数字だけに焦点を当てる投資家は少数でしょう．制度は，報告要件を増やす傾向にあるため，投資家はさらなる要件を追加しないよう注意する必要があります．より良い報告とは，そこに膨大な情報を無造作に詰め込み，管理不能なデータや混乱の原因を作ることではありません．情報の関連性と適切性が肝要なのです．統合報告は，すべての有意な要素をよりよく理解し，伝達するための枠組みを提供します．それは調和の取れた，標準的なデータと，比較可能性を提供する機会ともなりえます．さらには，企業がいかに価値を生み出すかの説明を手助けし，投資家はより良い投資判断を下すことができるようになるのです．統合報告書は多様なユーザーが用いるでしょうが，投資家を主たる読み手と想定し，経営者の考えを明確に説明することが，リスク報告の根幹であることを忘れてはなりません．質の高い報告は，リスクの理解のみならず，経営全体の質に対する投資家の信頼を高めます．経営陣は統合報告のプロセスに関与しなければなりませんし，そうすることによって，より良い経営管理情報の循環を促進し，機能ごとの縦割り組織の垣根を越え，あらゆる情報源の統合を助けます．このように，統合報告は企業カルチャーと行動の変革を促し，統合的思考を育み，企業がどのように価値を創造するかについて共通の理解を深めてくれるのです.」(Tomorrow's Company, 2014).

図10. 1は，自然資本，社会関係資本，人的資本，知的資本が無視できないものであることを表している．財務資本と製造資本のみを考慮に入れた戦略が，企業の事業にとってマテリアルなステークホルダーの正当かつ合理的なニーズ，関心，期待の考慮を含む，富の創出の源泉を正しくとらえていないことは明らかである．

統合報告フレームワークの策定に至る最終のドラフトで，IIRCは組織の価値創造プロセスを示すモデル図を考案した（図10. 2参照）．

インプットは六つの資本である．取締役会は，意思決定の際に，これらの資本を同等に検討すべきである．ただし，組織にとって最善の利益をなすための意思決定とする必要があるため，ある特定のステークホルダーが他のステークホルダーよりも恩恵を享受することがあるが，これ

図10. 1■六つの資本

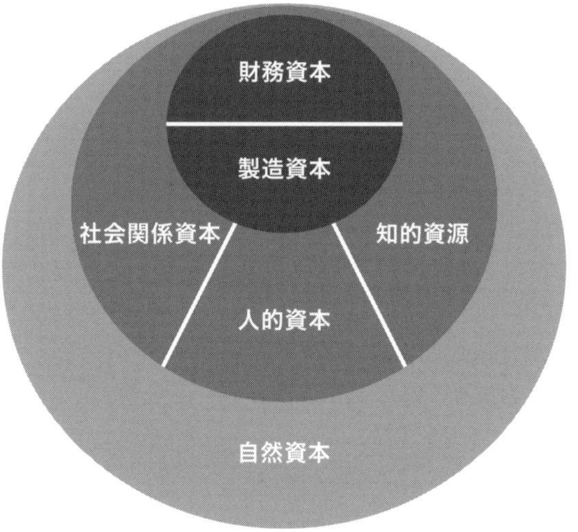

図 10.2 ■ 価値創造プロセス

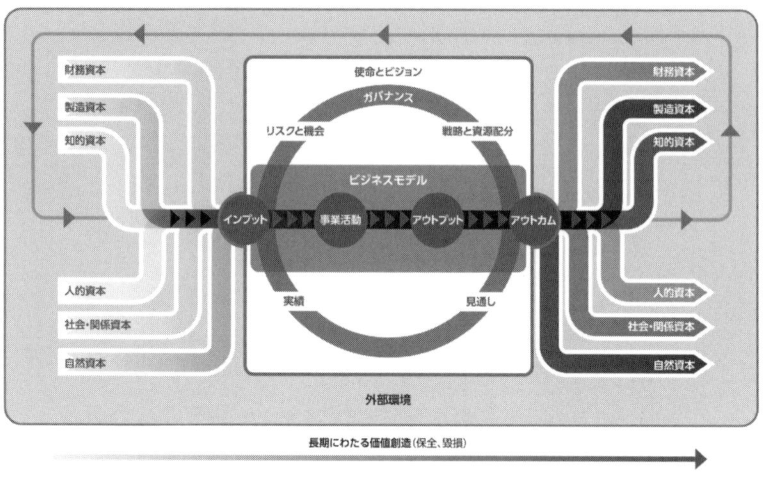

（出所）IFAC, *et al.*, 2013, p. 1.

は組織にとっての最善の利益のためであるがゆえに正当化される．ステークホルダーへの対応においては公正性が求められるため，取締役会には，ステークホルダーの合理的かつ正当なニーズ，関心および期待に対して理解しようとする動機がある．また，取締役会の個々の会合において，ビジネスモデルへのインプット，ビジネスモデル，および企業のアウトプットがもたらすアウトカムについて議論する必要がある．つまり，取締役会のアジェンダには，インプット，ビジネスモデル，アウトカムの3要素が含まれるべきであり，取締役会では毎回，価値創造のプロセスが議論されるべきなのである．

価値とは，もはや財務のレンズを通して見るべきものではない．むしろ長期的なサステナビリティのレンズで見るべきものである．企業がどのようにして利益を計上し，自身のビジネスモデルの3要素にどのようなプラスとマイナスの影響を与えているかを見るべきである．正のインパクトを強化し，負のインパクトを根絶または改善することが，価値創造プロセスの一部なのである．また，取締役会は，自社の事業にとってマテリアルなサステナビリティに関する課題を特定し，それらの課題を短期，中期および長期の戦略に組み入れる必要がある．

コカ・コーラ社では，数年前，水が地球の有限な自然資本であるとして，水の再利用，補給，水利用の制限，リサイクルの長期的な戦略を打ち立てた．ここ数年間のコカ・コーラ社の取締役会は，砂糖が子供の肥満を引き起こすとの主張に対処しなければならなかった．これは米国とメキシコの市民社会の主張であり，取締役会は，同社のアウトプットであるコカ・コーラがもたらすアウトカムに対峙せざるをえなくなった．彼らが取ったマーケティング戦略は，アクティブなライフスタイルが，より良い生活につながるとの考えを示すことであった．彼らは，12歳未満の子供への広告宣伝の自粛と，すべての製品の缶や瓶に栄養表示を義務づけることを約束するとともに，可能なかぎり低カロリーな製品の生産と，世界中のすべての工場で，12歳未満の子供に運動を奨励することを決めた．このことは，コカ・コーラ社の取締役会が，インプットからアウトプットまでを扱い始めたことを示している．過去において，コカ・コーラを（アップル社がその座を奪うまで）世界で最も価値あるブランドに築き上げる際に，アウトプット，つまり製品にフォーカスしてきた企業が変わったのである．

価値とは，もはや財務のレンズを通しただけで見えるものではない．企業へのインプット，企業活動，企業活動とその結果がもたらすアウトカムのプリズムを通して見なければならない．企業のマテリアルなステークホルダーの合理的かつ正当なニーズ，関心および期待を含む，価値創造の源泉を等しく評価する持続可能なレンズを通して見るべきものである．

ゴードハート（Goedhart, *et al.*, 2015）が，価値創造に関して的を射たコメントをしている．

「株主価値の創出と短期的利益の最大化は同じものではない．これらを混同している企業は，しばしば株主価値とステークホルダーの利益の両方をリスクにさらしている．事業から株主価値を創造することにフォーカスした仕組みが問題なのではなく短期主義こそが問題なのだ．（中略）

ステークホルダーの懸念を考慮に入れている時のほうが，企業は長期的に株主価値をもたらすことができると考える．（中略）

長期戦略を有する企業のほうが，より価値を創造していることは，過去の例を見ても明らかである．不動産バブルの時期に，短期的な利益の追求を慎む洞察力と勇気を持ち合わせていた銀行は，長期的に見れば，株主により多くのリターンをもたらしていた．安全な投資を好むことで知られる石油・ガス業界の企業は，他企業をアウトパフォームしている．（中略）

世界中のほぼすべての企業において，長期的な株主価値の創造を追求するためには，他のステークホルダーをも満足させる必要がある．

取り組みはさらに進んでいくだろう．価値創造に懸命に取り組む企業は，より健全かつ安定した企業となり，持続可能な成長に向けた投資が経済力を強化し，生活水準を向上させ，個人の可能性を広げる場をもたらすと確信するからだ．我々の研究によれば，多くのCSRの取り組みが株主価値の創造につながっており，経営陣はそのような機会を求めるべきであることが示されている．例えば，IBM社のビジネスマネジメント用の無料Webリソースは，中小企業を支援するだけでなく，IBM社にとっての新たな市場におけるレピュテーションや関係性を向上させ，潜在顧客との関係構築にもつながっている．また，ノボノルディスク社における，社会的責任，環境の健全性，経済の持続性からなる『トリプルボトムライン』の哲学は，中国の糖尿病治療を改善するプログラムへと結びつく．同社によれば，このプログラムにより，医師の教育と患者の状態の改善と同時に，同社のブランドを磨き，市場シェアを拡大し，売上げを伸ばしたのである.」

株主を中心とするモデルの適用は，それが賢明だと思うがゆえであろうとも，優先順位づけによる結果であったとしても，結果的には，財務的資本の内部的な成果に焦点を当てるにとどまり，価値創造プロセスの一部にすぎないのである．

第11章

The Benefits of Integrated Reporting

統合報告のメリット

2016年5月にPwC社が発行した「第19回グローバルCEOサーベイ」は，企業戦略へのESG要因の統合について，CEOがどのように考えているかを調査している．調査対象となった83カ国1,400人のCEOのインタビューからは，CEOがステークホルダーのニーズに真摯に対応していることがうかがえる．また，今日のCEOは，自らが率いる企業のビジネスと，社会，環境，および関連する規制当局が密接に関係していると理解していることも明らかになっている．

メガトレンドが，企業行動やレポーティングの新たな道も開いている．国連に加盟する193カ国が，民間部門と協力して持続可能な開発目標（SDGs：Sustainable Development Goals）を提唱し，「すべての人に尊厳を」「誰一人取り残さない」というコンセプトを打ち立てた．これらはメガトレンドから生み出されたコンセプトであり，17の持続可能な開発目標を言い換えるならば，貧困，飢餓，不平等の緩和であり，気候変動や世界的な資源の枯渇を考慮するものである．財務的な論理のみを前提とした戦略では，21世紀の変容した世界に対応するビジネスモデルの構築は実現できないのである．

PwC社のCEOサーベイには，「戦略に影響を与えるのは誰か」「関係のある幅広いステークホルダーグループが，組織の戦略にどのような影響を与えているか」といった質問項目が含まれていた．顧客やクライアントが戦略に影響を与えると回答したのは90%，政府と規制当局は69%，同業の競合他社は67%，従業員は51%，サプライチェーン・パートナーは48%，投資家を含む資本提供者は41%，一般市民，地域コミュニティ，メディアは30%，NGOは9%であった．1,400人のCEOの約80%が，企業の社会と環境に対する影響を最小限に抑えるための変革を実行しているとの結果であった．

これらのCEOが，株主利益にのみ重点を置き，企業の最大の利益のために行動してこなかったと主張することはできないであろう．企業が社会の重大な一部であることは，もはや一般的にも合意された事項である．社会の一員を従業員として採用し，ビジネスを遂行し，経済と社会に価値を創出するために選ばれた媒体なのである．これらのCEOは，ビジネスの成功の再定義が必要であることを認めている．そして，ビジネスの成功を単純に財務諸表で測ることはできないことも認めている．調査によれば，回答を寄せたCEOの86%は，ステークホルダーのニーズ，関心および期待に応える戦略を展開しており，76%が21世紀におけるビジネスの成功を，財務的利益を超えたもので再定義することに同意している．

2016年4月，国際会計士連盟（IFAC：International Federation of Accountants）は次のような声明を発表した．

> 「サステナビリティと企業の社会的責任の重大さへの認識はますます高まっています．実際に，サステナビリティを重視する組織は，ステークホルダーからのレピュテーションと組織の価値を高めるこ

とができます．ビジネスとサステナビリティの共通項として，経済面での実行可能性，社会的厚生，環境責任の三つの主たる要素があります．会計士はこれらの領域において，持続可能な価値創造の達成に向けて，サステナビリティの要因を企業の戦略と意思決定プロセスに組み込むための支援ができるのです．」

統合的思考は，取締役会が，自社のビジネスがどの程度，社会資本や自然資本に依存し，それらの資本にいかに影響を与えるかを理解するうえで役に立つ．企業が存続するためには，自然や社会への依存が必要なことは周知の事実である．CIMA，EY（アーンスト・アンド・ヤング），IFAC，および自然資本連合（Natural Capital Coalition）のレポート（CIMA, *et al.*, 2014）では，CFOが自然資本を戦略的課題としていかに取り上げ，事業の枠組みを策定すべきかの提案もなされている．

自然資本は，財務を含む他のすべての資本の基礎であるが，自己再生よりも早いペースで自然資産は消耗している．公共部門と民間部門の両方が組織行動を変えなければ，現在の成長を維持するためには，2030年までに地球二つ分の自然資本が必要であると推定されている．しかし，地球は一つしかない．我々は，より少ないもので多くをなすことを学ばなければならない．これは，ユニリーバ社，トヨタ自動車，インターフェイス社のような多くの偉大な企業のように，これまでにはない方法でビジネスを継続させる必要があるということを意味している．

トヨタ自動車がパイオニアであるリーン生産は，低コストで高品質な製品を多くの組織に提供することを可能にし，いまやそのビジネスモデルは，製造工程だけではなく，生態系の流れに適合するように作り上げられている．生物学的とも循環的とも言える生産システムは，自然な進化だと言える．廃棄物は，製品の製造時と，使用後の廃棄時の二つの時点で生成される．一部の企業は，生産時の廃棄物排出量を削減し，埋立地への廃棄物を実質的にゼロにしている．その一例が，第8章でも言及しているインターフェイス社（カーペットメーカー）であり，廃棄物を99％，水使用量を87％削減し，温室効果ガスの排出量も80％削減している．同社は，明らかな社会的利益と環境へプラスの影響をもたらす使用済製品のリサイクルによって，循環型経済を推進している．

2016年にIFACは「総合的思考で価値を創造する――会計士の役割」と題したレポートを発表した．そこで強調されたのは，以下のとおりである．

> 「会計士が統合的思考において果たす重大な役割とは何か？　統合的思考と統合報告は，CFOと財務チームが，組織とその成功に関係する情報と意思決定に集中するための手段と追加的なインセンティブを提供する…（中略）…統合的思考と統合報告の原則と概念は，会計士の進む先にある必然的な発展系である．」

ブラック・サン社は，統合的思考に基づいて統合報告書を作成する利点に関する2回の調査において，多くの企業が戦略的なベネフィットを実感できたことを示しており，なかでも最も大きな改善が見られたのは，取締役と経営陣のコミュニケーションとする回答が71%，経営情報と意思決定が79%，部門間の連携および広範な視点を得たことによるポジティブな影響が96％であった．KPMGは，すでに2011年には，CSRレポートの調査において，統合報告に向けた移行の始まりを認識し，以下のように述べている．

> 「当調査には，統合報告の非常にベーシックな形式のものをいくつか対象に含めたが，最終的な『完成型』は，企業戦略の主要な価値ドライバーに関する業績を，統合した方法に基づいて全体的に報告する包括的アプローチであり，財務報告とCSR報告を統合したものになると考えている．」（KPMG, 2011）

現実に，統合報告によって，財務と非財務はもはや分離したものではなくなり，組織は財務が非財務に及ぼす影響，そしてその逆の影響も考えるようになっている．すべての部門や機能で組織の戦略が共有され，価値創造に向けた長期的な視点で意思決定がなされるのである．

しかし，これを認識しているのは民間企業だけではない．公共部門の組織も，関連するサステナビリティの課題を戦略に組み込み，その製品やサービスのアウトカムを戦略に組み込むことを基本として戦略を立て始めている．ワールド・ビジネス・グループのバートランド・バドレ（Bertrand Badre）は，以下のように述べている．

> 「公共部門の事業体には，世界規模の報告主体もあり，財務情報の透明性は私たちすべてにとって大切なものです．統合報告は，政府とその利害関係者が利用可能な資源をよりよく理解し，より効果的に管理するのに役立つでしょう．」

経済と気候に関するグローバルコミッション[1)]は，企業は統合報告のフレームワークを採用し，実践すべきであると述べている．日本の経済産業省は，企業の長期的な価値創造に関する見解を伝える手段として統合報告を支持し，日本企業が統合報告のベストプラクティス・リーダーになることを奨励している．インターナショナル・コーポレート・ガバナンス・ネットワークの原則には，取締役会は統合報告書を提出すべきであるとの原則が含まれている（ICGN, 2014）．EU（欧州連合）のESG指令，英国の戦略報告書，オーストラリアの経営・財務レビュー

1）コロンビア，エチオピア，インドネシア，ノルウェー，韓国，スウェーデン，英国の7カ国の政府がコミッショナーとなり2013年に設立した国際イニシアティブ「The New Climate Economy」の一部であり，気候変動リスクに対応しながら経済成長を達成するための調査研究を行っている．

(Operating Financial Review）は，統合報告書作成の一つのステップである．

ブラックロック社のCEOローレンス・フィンク（Laurence Fink）も，欧州企業および米国企業の経営者に向けた公開書簡で暗黙のうちに統合報告を支持している．その書簡では，企業のCEOに対して，「企業行動を脅かす短期主義の強大な力」に抵抗し，「長期的な価値創造の戦略的枠組みを，株主に毎年提示する」よう求め，「CEOは，自らの取締役会がそれらの戦略的計画の見直しを確実に実施していることを明確に示すべきだ」と述べている．(Turner, 2016)

フィンクの書簡が公表された翌日に，サンドラ・ピーターズ（Sandra Peters）とジェームズ・アレン（James Allen）が『フィナンシャル・タイムズ』紙で，統合報告についてこう語っている．

> 「価値創造を報告するフレームワークを構築したIIRCの取り組みと，フィンク氏の声明は非常に親和性がある．我々は，世界の会計基準設定者や政策立案者に，戦略目標と環境，社会，ガバナンス（ESG）要素の報告について，より広範に検討するよう奨励している．」(Peters and Allen, 2016)

スリランカの首相は，2015年に次のように述べている．「統合報告を学び，取り入れることは，企業に利益をもたらし，投資家やステークホルダーにとってより有意義な報告書を提供する．これにより，わが国は，国外からの直接投資と国内の民間投資の双方にとって魅力的なものとなりうる．」(Global Sustain, 2015)

財務報告とサステナビリティ報告のそれぞれが，大きな意味を有するものではあるが，単体では十分ではないとの見解が受け入れられた時点で，統合的思考と統合報告の「実行」は，時宜が到来したコンセプトとなった．さらに，財務報告基準に従って貸借対照表に計上された有形資産よりも，無形資産が大きな価値を占めるようになり，企業のレポーティングには変革が必要となっていた．加えて，PRI（責任投資原則）と21世紀において変容を遂げた世界の大きな潮流は，これまでどおりにビジネスを継続し，いつものように報告することが，もはや取るべきオプションではないことを，より明らかにした．過去の問題への対処時と同様の取締役会とマインドセットでは，企業は，21世紀の課題を解決することはできない．20世紀型の意思決定やレポーティングのままであるなら，取締役会は，もはや21世紀の課題を解決できないのである．

ESG情報の企業報告への統合に関する，会計と報告の国際基準に関する政府間作業部会（ISAR：International Standards of Accounting and Reporting）は，UNCTADと協力してSDGsの達成に向けた指標の開発を試みている．この作業を支援する助言グループがあり，二つの組織が，ビジネスモデルにSDGsを組み込んでいるかを報告することで，民間企業がSDGsの達成にいかに貢献できるかを議論する会議をナイロビの国連本部で開催した．パネルにおいて検討されたのは，サステナビリティ報告に関する課題であったが，経済，社会，環境という三つのクラスターにSDGsが分類されることは概ね合意済みであった．米国財務会計基準審議会（FASB）と国際会計基準審議会（IASB）が財務報告の基準を取り扱うように，サステナビリティ報告は社会および環境の問題を扱っている．バランスシート，損益計算書，サステナビリティ報告がバラバラに報告されているかぎり，組織とステークホルダーの継続的な関係など，価値創造の源泉たる組織がどのように運営されているかを映し出すことはできない．このパネルディスカッションにおける主張は，統合報告はSDGsの達成に向けて，組織による努力の実態を組み入れて説明できうる媒体であるというものであった．

ユニリーバ社は，サステナビリティがビジネスの長期的な価値創造において必要不可欠な一部分であると認めている．ユニリーバ社のCEOのポール・ポールマン（Paul Polman）はSDGsに関して，次のように述べている.

「ユニリーバ社では，SDGsが，経済，企業，社会が機能するために取り組むべきチャレンジであると強く確信しています．それゆえに，それらの課題に関与しているのです．事業運営，イノベーション，ブランド，企業理念など，私たちのビジネスに係るすべてにおいて，サステナビリティの確固たる考えが備わっています．そこには，サステナビリティへの道徳的義務のみならず，明らかに成立するビジネスがあるのです．」(Polman, 2011)

2016年4月5日，SABミラー社はウェブサイト上で，SDGsをサステナブルな開発戦略に統合する声明を発表し，既存のサステナブルな開発戦略とSDGsの議題を調和させると記している．同社のサステナブル開発ディレクターであるアナ・スウェイシス（Anna Swaithes）は2016年4月に次のように述べている.

「すべての国とセクターに適用される開発目標に，世界が初めて合意したからこそ，私はSDGsに興奮を覚えています．地球上のすべての人々の人生を改善し，公共，民間，市民社会の各機関に，個別の，そして共通の目的の達成をより多くもたらすであろうSDGsに，それぞれが効果的に貢献する方法を見出していくことでしょう.」(Furlong, 2016)

ノボノルディスク社の企業サステナビリティ担当副社長であるスザンヌ・ストーマー（Susanne Stormer）も，統合報告を支持し，次のように述べている.

「統合報告は，レポートの主たる読み手である投資家およびその他のステークホルダーに，私たちがいかに事業を行い，価値を提供するかを，明確なメッセージとして伝達するために採用しました．私たちの目的は，ステークホルダーによって，わが社の評価を高めることでした．

ノボノルディスク社からみれば，統合報告のジャーニー（長い旅路）は，主たる事業である糖尿病のそれと共通点が多く，それは慢性的で，進行性で，不可逆的なのです．

世界経済が力強さを欠き，市場が不安定な時代においては，企業が長期的に価値を生み出す方法を，株式に関連づけたストーリーで伝えることが大切です．それは帳簿上の記録にとどまらない情報でなければなりません．1990年代初頭に，我々が『トリプルボトムライン』と呼ぶビジネス原則を組織内で制度化して以来，私たちのレポーティングはその目的に沿ったものとなってきました．より良い報告により，当社の事業は長期的な価値を効果的に伝達し，市場に提供することができています．統合報告は，そのような目的に叶う効果的なツールだと考えています．

統合報告の本質は，ビジネスモデルと戦略を明確に示すことです．その点で，我々のアプローチとの相性がパーフェクトだったのです．私たちはビジネスモデルと，ビジネスのやり方を形作る目的とコミットメントを強調しています．私たちの学びのジャーニー（長い旅路）は，統合的マネジメントを反映し，推進するコミュニケーション手段である統合報告のジャーニーと表裏一体なのです．

意思決定のために，財務情報と非財務情報を完全に統合するには，それらを同等に扱う必要があります．ですから，私たちは，社会および環境データの取り扱いに関する同等性をいかに高めるかについて，ロードマップを作成しました．

以来，私たちは財務データと同様の高い信頼性を有する非財務データと，それに関する堅牢な内部統制の確保に体系的に取り組んできました．2014年のレポートの発行を終える頃には，その目標を達成しているでしょう．しかし，完全統合というゴールへの道のりはまだ遠く，『ミッション達成』と言えるまでには，はるかに多くの作業が必要だと考えています．」(Tomorrow's Company, 2014, p. 19)

これらの発言からも，統合報告の便益は明らかなものであると言えるだろう．

第12章

The Crucial Role of Accountants in Creating Value (and Saving the Planet)

価値創造（と地球の保全）に不可欠な会計士の重大な役割

2016年初めに，国際会計士連盟（IFAC）が，統合的思考を用いた価値創造における会計士の役割についてのレポートを公表した（IFAC, 2016）．IFACは，統合報告は，組織が時間の経過に伴い価値を創造する方法に焦点を当てたプロセスであり，財務報告よりも広範で，かつ，組織の業績を向上させるものであると認めている．

> 「統合的思考と統合報告は，リーダー，マネジメント，および業務運営といった様々な役割を担う，100万人いる会計プロフェッショナルの業務に大きな機会をもたらす．その機会とは，組織やステークホルダーの価値創造に焦点を当て，価値の創造方法を示すことである．」（IFAC, 2016）

IFACは，統合的思考と統合報告は，CFOおよび財務チームが，組織と組織の成功につながる情報と意思決定にフォーカスするインセンティブを提供すると考えている.

バークレイズ・アフリカン・グループのファイナンスディレクターであるデビッド・ホドネット（David Hodnett）は次のように述べている.

「私は当社の業績報告に関する責任を有しており，その中には，我々の経営陣や取締役会が，意思決定において考慮する情報も含んでいます．財務以外の資本のパフォーマンス測定を統合していくことで，CFOは，財務資本の域を超えてレポーティングを強化することができます.」（Hodnett, 2013/14, p. 35）

今日，大量の財務情報と非財務情報が企業にもたされた結果，IIRCフレームワークを参照することで価値創造を理解したCFOが，取締役会による統合報告書作成のガイド役となりつつある．今の時代におけるプロフェッショナルなCFOとは，次のような存在である.

「従来の財務会計よりも広い視点で，組織の価値創造と維持の取り組みに貢献する．…（中略）…会計士は，その雇用者からだけでなく，社会のニーズをより十分に満たす存在として認められるのである．意思決定の支援のために提供する情報とその分析には，ビジネスモデルの変革の中で，より良い戦略と取り組みを実現するための多様な資源と長期の価値創造ドライバーに関する，より優れた，かつ広範な理解を提供する必要がある.」（IFAC, 2016, p. 8）

CFOは，これまで，企業の財務的側面を長らく司ってきている．しかし，財務諸表そのものは必要不可欠ではあるが，取締役会の責務遂行にアカウンタビリティを付与するには十分ではない．統合的思考に自らの思考を当てはめ，六つの資本を考慮するCFOは，組織の価値創造ストーリーにおいて中心的な役割を果たすこととなる．統合的思考を支援すべく，CFOは組織内で統合報告作成の一歩を踏み出すであろう．そして，CFOは，組織内から財務資本の提供者にもたらされるアウトカムと，あらゆる資本に関して外部にもたらされるアウトカムとの関連性を確実に理解するうえで中核的な役割を果たす．今日のCFOは，企業の財務面のみに焦点を当てているわけではない．会計士はもはや，これまで長らく揶揄されてきたような「数字の計算ばかりしている人」ではない．第10章図10.2に記載されているような価値創造プロセスを企業に確実に存在させるための中枢的な役割を果たさなければならないのである．

2016年にPwC社が，84カ国1,400人のCEOを対象に調査を行った結果，82％のCEOが短期よりも長期の収益を優先していると回答し，76％がビジネスにおける成功は財務的収益以上のものであると回答している．その意味で，CFOは，ビジネスモデルへのインプットと，企業の収益とアウトカムとの相関関係を考慮して，付加的な価値をもたらさなければならない．価値創造プロセス全体を俯瞰している人物をCFOと呼ぶのは適切ではない．正確に言うならば，そのような人物は，チーフ・バリュー・オフィサー（CVO）なのである．

第13章

The Chief Value Officer

チーフ・バリュー・オフィサー

企業は経済，社会，環境のそれぞれの状況を考慮しながら事業を行う必要があり，取締役会は組織がどのように収益を生み出すのか，そのやり方が与えうる影響に配慮すべきだとの考え方は，今日では一般的に受け入れられている．このことは，ステークホルダーの積極的行動，特に責任投資コミュニティの活動からも証明されている．例えば，環境に配慮するアクティビスト株主たちが，エクソン・モービル社に対して法的な攻撃を開始し，世界中で株主提案を行っている．これには，米国の証券取引委員会（SEC）のルールに則って行われたものも含まれる．これらの提案の多くが危惧しているのは，同社が操業する世界各地における資源の枯渇であり，同社のビジネスモデルが，気候変動，水資源の保全といった多くのサステナビリティの問題に与える影響について指摘している．この種の企業のビジネスモデルが環境に与える影響を危惧する株主の積極的活動に対応するように，SECでは上場企業に対して，気候変動に関する開示を要求するガイドラインを採用している．

いまや，多くの投資家やプライベート・エクイティ・ファンドが，社会や環境にプラスの影響を与える企業の株式への投資に重点を置いている．これらの投資家の中では，炭素税や気候変動がビジネスモデルに大きな影響を与える世界において，バランスシート上の資産が座礁資産（stranded assets）となる可能性を指摘している．

有形資産（tangible assets）の価値よりも無形資産（intangible assets）の価値が大きくなっていること，そして価値創造プロセス全体を俯瞰することへのCEOに対する要請は，オランウータンを元の生息地へ戻すことを求めるグリーンピースによるネスレ社に対する攻撃にも象徴される．パーム油を使用する世界最大の食品メーカーであるネスレ社は，パーム油の原料となるヤシを生育し，熱帯雨林が伐採された生息地にオランウータンを戻すための援助を求められたのである．ネスレ社はパーム油の大量購入者であった．グリーンピースは，女性がチューリッヒのスーパーマーケットでキットカットを購入するビデオを制作した（ネスレ社の本社はスイスのジュネーブにある）．女性がキットカットの包みを開けた時，オランウータンの切断された指が入っているというものであった．ネスレ社がビデオの差止命令を勝ち取った時には，すでにそれはソーシャルメディアによって拡散されていた．これがオランウータンを元の生息地である熱帯雨林に再び戻すという交渉につながった．しかし，現在もなお，オランウータンは絶滅危惧種であり，依然として切迫した状況が続いている．

ナイキ社が販売するスニーカーが，サプライチェーンの過程で，児童労働により生産されたと判明した時には，ナイキ社は時価総額の大部分を失った．株価は，本業による成長よりもむしろ，買収に活用できる資金であり，CFOにとってはクリティカルなものである．ソーシャルメディアによる拡散が，企業価値に，そして人間や動物に悪影響を与えかねないケースは他にも多くある．

このように，社会的そして環境的な要因は，貨幣的価値に大きく悪影響を与えるがゆえに，組織の収益獲得の手法や，サプライチェーン上の事象が，組織にいかなる悪影響も及ぼさないようにする責務はCFOにある．そのためにCFOは，主たるステークホルダーの正当かつ合理的なニーズ，関心，そして期待を考慮し，六つの資本を同等に検討し，取り扱わねばならない．だからこそ，CFOは価値創造プロセスに関与していると言えるのである．財務報告基準に従って会社の財務諸表を作成することだけに関心を寄せるCFOなど，もはやありえない．なぜなら，財務諸表は，企業の時価総額の3割程度しか扱っていないことを，CFOは知っているからである．

人間や地球の犠牲を伴う財務的利益とは違い，価値創造は，長期的価値の指標であるがゆえに，経営陣のうちでも，統合報告をリードすべき資質を最も有するのは高度な会計的素養を有する専門家（professional accountant）であることは間違いない．統合的思考と統合報告は，CFOと財務チームが，組織とその成功につながる情報とその意思決定にフォーカスするための手段とインセンティブを提供する．チーフ・バリュー・オフィサーとして職業的専門家としての会計士は，組織内における価値創造の理解を深めることができる．

いくら財務面の役割が今後も変わらず不可欠であるとはいえ，CFOとして新たな秩序に順応しなければ，その役割の重大さは失われる可能性さえある．

2016年にバルーク・レブ（Brauch Lev）とフェン・グー（Feng Gu）は，「門外漢には理解不能な会計ルール」のために，ステークホルダーは企業の理解が十分にはできずにおり，企業パフォーマンスの新たな測定方法が求められていると主張している．2016年4月期のネットフリックス（Netflix）社の四半期決算は，アナリスト予想を下回ったにもかかわらず，株価は80％も上昇した．これは，過去を映す会計情報ではなく，ネットフリックス社のサービス利用者の増加数が，当初予測より90万人上回る見通しであるとの将来情報に投資家が目を向けたことを明確に示している．さらに，ネットフリックス社は，将来の成長のために多額のテクノロジー投資を行っており，その投資額が売上げの99％を占めていたことも，利益予想が未達だったもう一つの理由として明らかであった．会計士は，損益計算書上で通常の費用処理をしているのだ．

過去を映す財務諸表は，企業がサステナブルな方法で価値を創造し続ける能力を伝えるものではない．財務報告上の利益と株価とのギャップは，ほとんどの場合，常に存在している．これは，これまで業績の将来予測に使われてきた収益の情報が，もはや頼れるツールではなくなっていることを暗示しているのだ．

財務諸表のみに焦点を当てるならば，CFOも情報利用者も，企業のビジネスに関する重大な情報を無視していることになる．長期的な戦略とともに，事業にとってマテリアルなサステナビリティの課題が戦略に組み込まれていることが説明されないままで，収益のみに頼って企業の株式に投資するという判断は，十分な情報に基づくものではない．CFOが統合的思考を採用し，六つの資本に対して同等の熟慮を与え，IFACが想定するような会計に関わる専門家としての役割を果たしてきた組織は，事実として長期的視点からの価値創造を推進している．そして情報利用者も，組織がサステナブルな方法で価値創造する能力を，十分な情報をもって評価できるのである．

2013年にACCAは，CFOの役割に影響する戦略的ドライバーは二つあり，一つは戦略的経営判断に貢献するための権限を付託された財務機能，もう一つは，財務（収益やROIなど）の領域を超えて，より広範な社会や環境問題と結びついた幅広い「成功」のコンセプトであると述べている．

会計士という職業は，明らかに岐路に立たされている．財務報告の領域を超えて，広範な役割を受け入れるべく変革しなければならない．ACCAは，未来の会計士教育において，会計カリキュラムに統合報告の概念を含めるべきだと考えている．

統合報告は国際的に見ても普及が進んでおり，財務プロフェッショナルの役割に変化をもたらすであろう．取締役会は，財務諸表に加えて，多くの非財務情報の理解に，より多くの時間を費やさなければならず，統合報告の利用が，より十分な情報に基づく投資決定を行う能力の獲得につながる．取締役会は，財務諸表および非財務情報を理解したうえで，マテリアルな情報を抽出し，統合報告書で明確かつ簡潔で理解しやすい言葉でそれを説明し，組織がサステナブルな方法でいかに価値を創造し続けるかを示す必要があるのだ．

このシナリオにおいて，財務プロフェッショナルは，財務諸表，またはそこから得た情報のみを参照するのではない．むしろ，六つの資本を同等に俯瞰し，企業とそのステークホルダーの相関関係を社会資本の観点から考慮する変革者となるであろう．このようになれば，財務プロフェッショナルは，財務の最高責任者ではなく，価値の最高責任者である．つまり，チーフ・バリュー・オフィサー（CVO）と呼ばれるべきなのである．もはやCFOとは，財務諸表にのみ関心がある者を示すのである．

統合報告書を採用するにあたり，CVOから情報を得た取締役会は，六つの資本を同等に熟慮することができるため，従業員など，特定のステークホルダーの代表者を取締役会に招聘すべきであるといった考えも不要となる．従業員の代表者が，取締役会において，従業員の最善の利益のために意思決定を行うことなどはできない．組織の最善の利益のために意思決定を行うという法的義務の遂行のゆえに，がんじ搦めになるだけである．取締役会が人的資本を熟慮するならば，意思決定プロセスにおける従業員からのインプットはおのずと得られるはずである．

取締役会が意思決定プロセスにおいて，マテリアルなステークホルダーの合理的かつ正当なニーズ，関心，および期待を含むすべての価値創造の源泉を考慮する包括的ガバナンスモデルにおいて，CVOの役割はクリティカルなものとなる．そこでは従業員も確実に考慮されるために，従業員の代表を取締役に任命する必要はない．

では，社会的資本，自然資本，知的資本といった，他の価値創造の源泉に関する代表はどうであろうか．そのような疑問を抱かれるかもしれないが，それは，株主重視型のガバナンスモデルにおいて生じうる疑問であり，取締役会の意思決定プロセスにおいて六つの資本が同等に考慮される包括的ガバナンスモデルにおいては的外れの懸念であり，発生しえない問題である．

ここで，統合報告がどのように行われているのか，統合的な方法で思考することに誠実にコミットした結果がどのように生まれてくるのかを示すために，世界の様々な業種の主要企業が作成したいくつかの例示的な統合報告書について議論しておきたい．多くの優れたサンプルがあるが，統合報告が実際にはどのように機能しているかについて，多様かつ十分な印象を与えられるような事例を抽出した．統合報告の観点から，レポーティングの顕著な特徴として考慮した点は，価値創造に関する報告，六つの資本についての報告，マテリアリティの判断，取締役の報酬とパフォーマンス評価基準，そしてサステナビリティと気候変動に対する企業の取り組みの検証である．

南アフリカの主要銀行であるスタンダード銀行は，2015年の統合報告書において，「この年次統合報告書は，我々の主たる報告書として，当社グループの長期的価値創造の能力の総合評価について説明しています」と述べた（Standard Bank, 2015, p. 2）．そして，「…（中略）…組織のあらゆるレベルにおける統合的思考の組み込みは，リスク，コンプライアンス，倫理，社会的責任が，お客様のニーズを効果的かつ革新的に実現することと調和するような企業文化を創造する長期的な取り組みの一部であると考えています．」と記している（Standard Bank, 2015, p. 5）．報告書では，マテリアルな課題がどのように特定されたかを丁寧に説明し，それらが，ビジネスとしての実行可能性と社会との関連性を軸にして評価され，マテリアリティに対して統合的にアプローチしていることを強調している．六つの資本に関しては，IIRCの統合報告フレームワークどおりの分類は正式採用していないと説明しているが，レポート全体を通じてこれらの資本への依存度と影響度について述べ，これらの資本と組織の価値創造との関連性を明確に示している．スタンダード銀行のレポートで特筆すべきは，統合的思考の観点から，「クライアント重視」を採用している点であり，「クライアントを我々のすべての行為の中心に置く」と定義している（Standard Bank, 2015, p. 11）．どのようにして価値を創造するかについて説明するセクションで，スタンダード銀行は，「収益性を社会的に有益なアウトカムに結びつけることで，ビジネス活動と関連するトレードオフを管理している」と述べている（Standard Bank, 2015, p.12）．また，スタンダード銀行がエクエーター原則[1]に関与していることも印象的である．1,000万ドル以上の新たなプロジェクト・ファイナンス・ローンを見積る際に同原則に従うだけでなく，スタンダード銀行は2015／16年にエクエーター原則協会の議長に選出されている．また，レポートは，2人のチーフ・エグゼクティブ・オフィサーの評価について，ステークホルダーの考慮，社会との関連性，リーダーシップと顧客，財務実績などの基準とともに説明し，統合的思考が実践されていることを示している．同様に，役員報酬のストラテジーについても，財務および非財務業績に関する追加のインセンティブ報奨を伴う統合的アプローチが組み込まれている．

続いての事例は，まったく異なるタイプの組織であり，状況の異なる英国のクラウンエステート社の報告書である．レポートのタイトルは，「クラウンエステート　アニュアルレポートおよびアカウント2015/16――コンシャスコマーシャリズムの実践」である．同社はコンシャスコ

1）　エクエーター原則は，金融機関によるリスク管理のフレームワークであり，融資プロジェクトにおける環境リスクや社会的リスクを評価・管理することを目的に策定され，2018年8月現在，37か国94の金融機関が採択している．http://equator-principles.com/

マーシャリズムを「我々の行為とその実践方法がもたらす長期的な影響を考慮しながらも，価値創造において鋭敏かつ先進的であること」と定義している（Crown Estate, 2015/16）．さらに，クラウンエステート社では，「英国の納税者には常に一貫した財務的価値をもたらし，すべてのステークホルダーに，我々のリソースと関係性とで測定される具体的な長期的価値を創造する」と強調している（Crown Estate, 2015/16）．マテリアルな課題の評価に関するアプローチには統合的思考が浸透しており，気候変動や資源の枯渇といった要素が組み込まれていると説明している．同社の暫定CFOは，統合報告書作成のジャーニー（長い旅路）について語り，本物の統合的思考を組織に組み込むチャレンジについては，次のように述べている．

> 「私たちは統合報告を事業計画策定のプロセスに組み込み，従業員が統合的サステナブル思考に基づいて意思決定を行うことで，より付加価値を生み出せるように配慮した．その実践のためには，生じうるいくつかのサイロを解消し，統合的にビジネスを考え，特定のスキルと知識で貢献できる，より多様な人員を巻き込むようにした．」（Crown Estate, 2015/16, p. 49）

これは，戦略と価値創造に統合的思考を健全に組み入れる，間違いなくCVOたるCFOの出現を示唆していると言えよう．

統合報告と統合的思考の3例目は，米国の大手であるゼネラル・エレクトリック（GE）社の統合報告書である．ゼネラル・エレクトリック社のサマリー統合レポート（General Electric, 2015）の25ページに，「Ecomagination：Driving Real-World Solutions」というタイトルで「ソリューション」を提供する有益なイメージ図が掲載されている．図では，複数のパートナー企業のサステナブルソリューションを示している．例えばトタル社の「産業用ハイブリッド・クリーナ・エネルギー・

システムの創出」にフォーカスし,「エネルギーコストと排出量の削減」をそのアウトカムとして特定している（General Electric, 2015). このアウトカムをサステナブルな目標に結びつけることは，統合報告のスピリットに沿ったものである．同様に，スタトイル社の「資源効率を高め，排出ガスを削減する技術と技法の開発」にフォーカスし,「石油とガスのより経済的で持続可能なソリューション」をそのアウトカムとして特定している（General Electric, 2015). これも，企業戦略の中心に経済的要因と環境的要因を統合するアプローチを表すものである．

英国のPR業界団体であるCIPR（Chartered Institute of Public Relations）は，2015年の統合報告書において，六つの資本のすべてを俯瞰し，価値創造および維持の能力，そしてある資本を別の資本に転換する能力に，マテリアルな影響を与えうる要素をいかに検討したかを説明している（Chartered Institute of Public Relations, 2015). 例えば，財務資本や社会資本に関連する高程度から中程度のリスクを特定し，次に，財務資本，人的資本，社会資本，製造資本，知的資本および環境資本のそれぞれについて説明するセクションを数ページにわたり設けている．各資本の説明ページは，さらにサブカテゴリーに細分化されている．統合報告書を資本別のページで構成するやり方は，統合報告の実践方法の一例であるし，個々の資本だけでなく，資本全体を検討するという徹底したアプローチから生まれた好事例であると言える．

ニュージーランドのシーフード食品会社であるサンフォード社は，マリン・スチュワードシップに対する責任あるアプローチを示し，統合的思考を「ストラテジー，パフォーマンス，持続可能な価値創造の統合的概要」と表現し，具体的に年次統合報告書で説明している（Sanford International, 2015, p. 6). サンフォード社のマテリアルな課題は，同社が「価値のイネーブラー」と称する経済的パフォーマンス，人と社会，サステナブルな原材料，事業運営能力，消費者と市場アクセスといったものからいかに価値を生み出すかに関わる課題であると述べている．

サンフォード社の報告書には，「我々は持続可能な漁業，環境，従業員，そして自らの事業に継続的に打ち込んでいる」と記されている（Sanford International, 2015, p. 17）．先述の国連の持続可能な開発目標（SDGs）には，海洋の生物多様性保護も含まれており，マリン・スチュワードシップは21世紀の企業，政府，NGOが直面する最も大きな課題の一つである．シーフード産業に全面的に投資する企業が長期にわたり価値を創造し，生き残るためには，海洋に対する適切なスチュワードシップの発揮が不可欠である．魚類100種のうちムール貝とカツオという複雑な2種を扱う同社のような企業にとっては，特定の種が減少したり，入手可能性の予測が困難になると，バリューチェーンに重大なリスクが及ぶ．自然界の生物は，手軽に入手できる一般的なものではなく，リスペクトすべき恵みの自然資産であると考えるアプローチを同社のレポートでは強調し，「この貴重なリソースにアクセスすることは，権利ではなく，特権であると認識しています．尊敬と敬意をもって取り扱わなければなりません．サンフォード社の未来と，環境の長期的な持続可能性は，原材料の価値を最大化するという我々のコミットメントにかかっています．我々は，増える以上の量を捕ることはありません」と述べている（Sanford International, 2015, p. 29）．同社のアプローチは真の持続可能性を特徴としており，将来の世代も種を利用できることを担保するとともに，注意義務を払い，海洋環境の保護を目指している．サンフォード社は，海洋哺乳類の医療訓練の実施や，主要な特定の種に対する漁業改善プロジェクトの推進と奨励といった海洋環境および海洋に生息する水生動物の保護に関連する幅広いイニシアティブや，マリン・スチュワードシップ・カウンシル（MSC：Marine Stewardship Council）によるサステナビリティ認証の深海種全体に対する取得や，サンフォード・マリンファームへの最優秀アクアカルチャー実践海洋ファーム認定の獲得につながった，ニュージーランドのディープウォーターグループとの継続的な連携について説明している．これらのコミットメントは，財務価値の創造およびレピュテーションの向上と，環境サステナビリティと海洋生物多様性の保護を両立させる統合的思考を実証していると言える．この統合的思考は，「将来の世代のために海洋環境を危険にさらすことなく，増大する顧客需要に対応する必要がある」（Sanford International, 2015, p. 33）といった文章においても明確に示されている．

最後の事例は，南アフリカのカジノおよび関連サービス業のグループ，サン・インターナショナル社である．六つの資本の統合は，同社の2016年のレポートの中核であり，冒頭で「財務資本，製造資本，人的資本，知的資本，社会関係資本，そして自然資本の六つすべてが相互に関連し，価値を創造する」と述べている（Sun International, 2016, p. 3）．同社は，多くの従業員だけでなく，顧客がコアステークホルダーである理由，そして人的資本と知的資本が同社ビジネスの価値創造において非常に大きな存在である理由を，多くのページを割いて説明している．社会的責任の観点から見れば，同社がギャンブル産業に従事していることは，触れたくはないが触れざるをえない事項である．したがって，信用できる環境でゲームが行われるように担保すること，そしてお客様に敬意と配慮を持って対応することへのコミットメントの説明は非常に優れている．例えば，「善をなすことは業務要件以上のものであり，価値創造につながるとの信念を持つことで，倫理的な事業者，そして責任ある企業市民としての実績を築けているのです．」と記述している．

本質的に「罪となる」産業にあって，責任ある企業であることは，大きなチャレンジであるが，統合報告書は，企業がそのようなチャレンジにどのように取り組み，いかに倫理的な方法で価値を創造するかを示している．サン・インターナショナル社は，環境問題と生物多様性をもビジネスモデルに統合しており，自然環境への影響だけでなく，自然がもたらす価値創造への貢献を認識して「我々は，生物多様性の豊かな環境にある多くの不動産を所有しています．これは我々のお客様を魅了する鍵となる要素であり，その環境保護のために尽力しています」（Sun

International, 2016, p. 3）と述べている.

第14章

Transforming
the Training of Accountants
(and Saving the Planet)

会計士（と地球の保全）の研修を変革する

会計の機能を変革することによって地球を変えようとするならば，会計士も変革しなくてはならない．これは会計に真の変化を引き起こす唯一の方法である．会計士自身が統合的思考，統合報告，そして，それらと価値創造とのつながりについて精通しないかぎり，真の統合報告書が作成されることはまずないであろう．残念ながら，現行の会計士の養成方法には，統合的なアプローチが採用されているとは言えない．むしろ，ほとんどの専門的トレーニングは，従来の財務報告に焦点を当て，統合報告に必要な構成要素や，企業レポーティングに表出している新たな方向性を，嘆かわしいほどに取り扱っていない．

この例外として突出しているのはACCAである．ACCAは，2014年以降，統合報告をカリキュラムに組み込むことにより，財務オフィサーからバリューオフィサーの研修へと変革させている．ACCAは，「統合報告のコンセプトのすべてが，業績，その内訳，影響，貢献度を，ステークホルダーや社会に対して，わかりやすく示す方法をもたらしうる」

と公言している．これらは，ACCA試験のプロフェッショナルレベルの最初の二つの必須科目であるP1「ガバナンスリスクと倫理」，およびP2「企業レポーティング」で最も広範に取り入れられている．

P1「ガバナンスリスクと倫理」は，企業が環境に及ぼす影響や，財務資本だけでない，より広範な資本に対する責任をいかに果たしているかなど，より幅広いエージェンシー理論の文脈におけるステークホルダーへの責任に関連し，企業がそのガバナンス構造全体を通して取り組んでいる事項を説明するための手段として統合報告を取り扱っている．

ACCAによる会計士試験の主要かつ最終レベルの科目であるP2「企業レポーティング」は，広範なアプローチを採用する企業報告として，統合報告の概念全体をカバーし，総合的な視点で，統合報告のコンセプトの概要を説明している．P2の試験では，そのようなレポートがどのように準備されるのか，どのような内容をカバーするのか，どのようにして報告機能の潜在的な利用者への有用性を高めるのかについて問われるようになっている．

2014年までの会計士の学習カリキュラムは，社会における認定資格の取得のために，受験者が正解のボックスにチェックマークを入れられるようにすることに重点を置いていた．今日の会計士は，ビジネスへのインプットや，その企業がどのように利益を得て，どのように製品を生み出し，その製品が社会や環境にいかなる影響を及ぼすかを検証するためのトレーニングを受けるべきである．これには，会計士がたんなる財務オフィサーではなくバリューオフィサーとしての役割を果たすことができれば，社会にとってはるかに有益であるというように，教える側のマインドを変革することが求められる．結局のところ，会計士の職業というのは，社会からの期待の上に成り立つものなのである．

これまでの会計士の訓練というのは，概ね，会計の仕組みとプロセス，財務会計と財務報告，監査および保証，ビジネス法，経済，財務および財務管理，管理会計，定量分析，税務，情報テクノロジー，倫理といったものだった．いくつかの国や地域で提案され始めている未来の会計士教育のプログラムには，現在ACCAが実施しているサステナビリティや統合報告の側面が含まれるべきである．ある国では，学生がサステナビリティと統合報告を専門科目として選択できるように提案されている．学生にそれらの専門性がない場合には，彼らは，ビジネスの財務面にフォーカスし続けるであろう．これでは，会計士という職業の長期的なメリットにも，持続可能な開発にも寄与しない．ガバナンスへの排他的アプローチと包括的アプローチの違いについて学ぶコースもあるべきだろう．これには，排他的な株主中心のガバナンスモデルと，価値創造の源泉が等しく取り扱われる包括的ステークホルダーモデルとの比較も含まれる．

会計士教育をこのように変革することで，会計士はサステナブルな資本主義というアウトカムを伴う価値創造プロセスについて助言することができる．会計士が地球を救うことができるのである．

英国メイ首相は，英国におけるガバナンスモデルを，株主中心モデルから，事業の長期戦略とより高い透明性を伴うステークホルダーモデルへと変革することに，とりわけ熱心であった．統合報告は，これらすべての要素をカバーしている．

『CPAジャーナル』誌の編集長リチャード・クラヴィッツ（Richard Kravitz）は，2016年6月に「サステナビリティに関するイニシアティブを取り入れることで，我々は公衆に対する義務を果たすとともに，関連性を保ち，活気を持って，積極的に取り組みに従事している」と述べている．

私が大学生に向けてプレゼンテーションを行った経験に基づいて言えば，この題材以上に，次世代の会計士と強く共鳴しあえるものはない．2014年，ACCAは，A4S（Accounting for Sustainability）と連携し，サステナビリティに関する学生の見解について研究を行った．126カ国の学生の87％が，会計士は意思決定に資するサステナビリティに関する洞察をより多くの企業に提供する必要がある，と信じている．79％が，サステナビリティの問題が今後10年間でより大切になることに同意している．74％が，環境が企業に及ぼす影響が，会計士にとってより大きな焦点になることに同意した．54％が，サステナビリティの問題をビジネスに統合することに関与したいと考えていた．そして，世界はより住みやすい場所になると語ったのは34％だけであった（ACCA and A4S, 2014）．

地球の危機から脱し，サステナブルな資本主義へと突き進む最後のチャンスを得ようと，取締役会を中心に，企業は舵を切っている．プロフェッショナルな会計士は，このクリティカルなアウトカムの達成に向け，極めて大切な役割を果たすことができる．それこそが，会計士がチーフ・バリュー・オフィサーとして21世紀の地球を救える理由なのである．

ビジネスパーソンもそうでない人も，戦略とレポーティングについては，他のどの専門家よりも先に会計士にアドバイスを求めることであろう．会計士が統合的思考について組織に助言できれば，企業行動にも大きな変化がもたらされるであろう．CVOは，企業の行動を変革するための大切な役割を果たしている．南アフリカのヨハネスブルグ証券取引所のCFOであるアールティ・タクーアディーン（Aarti Takoordeen）は次のように述べている．

「劇的な変革，破壊的テクノロジー，グローバル化の進展，厳しい経済環境を伴うこの時代において，企業はコストを削減しながら成長を遂げなければならないという重圧下にあります．CEOはかつてなかったような競争上の脅威にさらされ，それらに適切に対応しなければなりません．このような状況下で，CEOは，数年前と比較すると，まったく異なるアウトカムをCFOに求めています．財務の専門家には，もはや過去情報の処理ではなく，ビジネスパートナーとして付加価値をもたらすことが求められているのです.」

第三者機関によるカリキュラムは，先述のとおりサステナビリティと統合報告を含めるべく改革されなければならない．改革後のカリキュラムの恩恵を受けていない会計士は，会計士団体を通じて，価値創造プロセスについてのトレーニングを受けるべきである．

AICPAとCIMAが合併し，それらによる専門資格はCGMA（チャータード・グローバル・マネジメント・アカウンタント）として知られるようになっている．現在のリーダーであるバリー・メランコン（Barry Melancon，AICPAの社長兼CEO）とチャールズ・ティリー（Charles Tilley，CIMAプレジデント兼CEO）は，長きにわたり統合的思考をサポートしてきた．どちらもCGMAでの重責を担っている．バリー・メランコンはIIRCの運営組織（Boardを指す）の議長であり，チャールズ・ティリーはアドバイザーとして評議会（Council）に参画している．彼は，IIRCが2013年に公表したフレームワーク（IIRC, 2013）を最終化するにあたり，中心的な役割を果たした．彼らは，62万人のCGMA会員に統合報告の知識を浸透させることを決意している．世界中にいるCGMA会員が，ステークホルダーの正当かつ合理的なニーズ，関心，期待を考慮し，六つの資本が同等に検討された戦略の策定について，助言を行う立場となる．彼らが，ビジネスにとってマテリアルなサステナビリティの課題が戦略に組み込まれていることを担保してくれるのである．CGMAが助言する企業のアウトカムは，サステナブルな資本主義の達成へとつながるであろう．

公認会計士であり，ICAEW（イングランド・ウェールズ勅許会計士協会）のメンバーであるアミール・ドーサル（Amir Dossal）は，25年にわたり，経済および社会問題への対応に関して，国連に卓越したサポートを提出している．会計士の職業的役割に関する最近のインタビューで，彼はこう語っている．

> 「賢明な慈善活動と社会的投資に対して，価値重視型のアプローチを示すことのできる会計士の存在は必要不可欠であると考えています．これは時間軸に対する考え方の違いです．ウォール街で明日の成果のために働くのではなく，社会として長期的なサステナビリティを求めるべきなのです．私たちは，短期的なパフォーマンスではなく，長期的なサステナビリティの基準をもとに測定した結果を知りたいのです．会計士はそれを推定してわかりやすく示すことができるでしょう．」(Cree, 2016)

今日，財務諸表だけが企業の価値創造を決定づけている，と正当な理由をもって主張できるCFOはいないだろう．そのような主張をするならば，それは赤信号の点滅を無視していることだ．なぜなら，大企業の時価総額の少なくとも70%は，財務報告基準に従って作成される貸借対照表には表れない無形資産によって構成されていることは明らかだからである．そのような主張は，取締役会が十分な情報を持たずに意思決定を行い，主要なステークホルダーとの対話を欠き，結果として，失敗のリスクが増大するという結果を招くだけなのである．

補　章　1

持続可能な資本主義における事業目的と会計機能の再定義

新名谷寛昌
Hiromasa Niinaya

第1節　はじめに

チーフ・バリュー・オフィサー（CVO）について論じた第10章では，持続可能性と六つの資本を考慮することを通して価値創造の源泉を等しく評価するとともに，社会に対してどのようなアウトカムを生み出すかという観点から，統合的思考により長期的な価値創造の全体像を考えることの必然性が指摘されている．

また第11章では，SDGs合意の背景にある環境，社会，経済のメガトレンドを踏まえ，21世紀の変化する世界を扱うビジネスモデルを構築するには，財務的な原理のみを前提とした戦略では不十分であり，社会の持続可能性と企業の持続可能性を同時達成できるように事業の成功を再定義する必要性が述べられている．そして，社会の持続可能性と企業の持続可能性を同時追求するための方法として，経済的な実行可能性，社会的公正および環境責任という三つの要素を企業の戦略と意思決定プロセスに組み込む提案がなされている．

そこで本章では，これらの二つの章の議論を受けて，六つの資本による価値創造の具体的な観察を通じて環境と社会と経済の関係を整理し，持続可能な資本主義における事業の成功とはどうあるべきかを改めて検討する．そのうえで，事業の目的に適う会計の機能とは何かについて再考する．

第 2 節　六つの資本による価値創造

六つの資本による価値創造がどのようなものであるのかを理解するために，現実世界は環境，社会，経済という重層的構造であるという前提を置く．まず，環境を地球という一つの生態系であると定義し，これをすべての基盤として下層部に位置づける．この層は自然法則に従う．

次に，社会を，生態系の一部をなすヒトにより構成される共同体と定義し，これを中層部として環境の上に位置づける．そして，経済をヒトが生存のために協力して行う生産および消費活動と定義し，これは社会における活動全体の一部であるが，以降の議論を簡略化するため社会基盤の上に成り立つ上層部として位置づける．そして，六つの資本は，環境，社会，経済のいずれかの層に帰属するものと仮定し，経済発展の過程における六つの資本の相互作用と変動の観察を通じて価値創造の全体像を明らかにしたい（図1を参照）．

有史以前の原始時代においては，経済活動における労働は，狩猟や採集による食料の調達と天然素材を利用した衣類および住居の製作であったと考えられる．産業の発展段階という意味では，農業中心の第1次産業および初期の第2次産業であり，人的資本から自然資本への直接的な働きかけにより，価値が生み出されていた．これが進行していく過程で，天然素材に関する知識や狩猟や工作のための技術などの，資源の獲得と利用に関する知的資本の蓄積も進んだと考えられる．

図1■経済発展の過程における六つの資本の相互作用

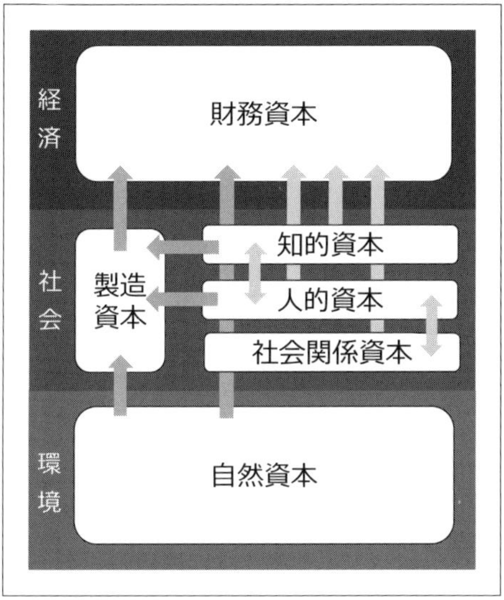

（出所）KPMG.

さらに，安全保障や協働の利便性といった様々な目的のもとに，共同体が家族という最小単位から部族，さらには国家というより大きな単位へと発展していく中で，規範や慣習などの社会関係資本の形成が進んだと考えられる．共通の価値観を核として固有の文化を醸成することで集団の秩序が保たれ，これが協働のための基盤となったのである．しかし，産業革命以前の時代においては，知的資本や社会関係資本の価値創造への貢献は限定的であり，自然資本と人的資本が主役であったと考えられる．

経済発展の次の段階は，第2次産業を中心とするものであり，近代産業革命の時代である．産業革命が実現した背景として財務資本が富の蓄積を可能にしたという点を指摘できる．財務資本への資本集約が進んだことで，より大きなリスクを伴う事業への投資が可能となったのである．また，規模の経済を通じた生産性の向上も，製造資本が形成される原動力になったと考えられる．集約された財務資本を製造資本に転換していく過程で生産技術の研究が進み，知的資本が充実するとともに，大量の取引を効率的に処理する仕組みとして，市場の開設や取引ルールといった社会関係資本の整備もいっそう進展した．道路や鉄道といった社会基盤としての製造資本も工業化により大きく発展したのである．この時代の主役は，財務資本と製造資本であったと言える．

次に来るのが，第3次産業の時代であり，我々の生きている現代である．知識経済の時代でもあり，そこからさらに発展していくであろう不確実な未来も含まれる．1990年代頃からのインターネットの普及や情報技術の高度化は，知識経済社会の発展に大きく貢献した．先進国のみに見られる現象であろうが，モノやサービスがあふれ，生理的欲求や安全欲求といった人間の基本的欲求を充足するための製品とサービスを扱う市場では，供給超過が常態化している．

このような市場では，企業はコスト削減を追求し，価格競争に勝利して市場占有率を高めて価格支配力を維持するか，活動範囲を広げて，これまで関係を持たなかった他の国や地域へ進出し，新たな市場を開拓することで生き残ろうとするであろう．もしくは，社会的欲求や尊厳欲求等のより高次元の欲求に関連する潜在的な需要を掘り起こし，新たな市場を発見することによっても生き残れるであろう．価格支配力をもたらす高いシェア，新たな国や地域との関係性，高次の欲求に訴求する魅力的なブランドなどが価値の源泉であり，主役は社会関係資本と知的資本へと移り変わっていったのである．

デジタルテクノロジーの進歩は，経済の生産面における前提条件を大きく変えた．さらに注目すべきは，デジタルテクノロジーがヒトとヒトとの関係性を変え，さらに，モノとモノとの関係性まで変えつつあるという点である．第4次産業革命やインダストリー4.0というコンセプトが広く浸透しつつあることからも感じ取れるが，製造業のデジタル化，コンピュータ化の進展により，価値創造のあり方は，今後も大きく変化していくことが予想される．

高度な人工知能の登場により，モノからヒトへの働きかけが可能となる．ヒトがモノに働きかけるという一方通行の関係は，インタラクティブなコミュニケーションへと発展し，ヒトとモノ，モノとモノとの間に新たな社会関係資本を生み出す可能性がある．人工知能を利用した予測検索などは，非常に利便性があり価値の高いものである．しかし，人工知能を完全に信頼し，それが提案するものを無批判に受け入れてしまうならば，それは健全な関係とは言えない．悪意あるプログラムが存在する可能性もあるし，また，人工知能は与えられた目的を達成するように設計されているが，そこで定義されている目的が利用者の目的と一致していないかもしれない．

さらに，IoT（Internet of Things）により，モノとモノが直接コミュニケーションするようになり，人間の介在を必要としない自律的なシステムが形成された場合には，コンピュータは与えられた目的を達成するために，際限なく自己増殖と自己強化を繰り返すだろう．もし，その時に，定義された目的が自然や社会への配慮に欠けたものであったとしたら，人工知能は人類にとっての大きな脅威となるに違いない．そもそも，我々自身が，現在の社会システムに自然と社会への配慮を組み込むことに成功してはいないのだ．

知的資本や社会関係資本の変質が，どのような影響を及ぼすのか．六つの資本を利用した価値創造の考察は，我々が進むべき方向を考えるにあたり，多くの示唆を与えてくれるだろう．

価値の源泉となる主たる資本は，経済発展の各段階で変遷し，今後も移り変わっていくと予想される．それゆえに，経済発展は複雑な現象であるかのような印象を受ける．しかし，経済活動の本質をとらえるには，その変遷をたどりながらも，表面的な変化に惑わされることなく，その背後にありながらまったく変化していない要素に着目することが肝要なのである．

第1次産業には，衣食住という基本的欲求に必要な物資を自然から手に入れる，という直接的な意義があった．第2次産業の意義は，資本と生産手段の活用により，より多くの資源を効率的に取り出し，また，生み出すことを可能にした点にあった．そして，第3次産業の意義は，基本的欲求の満たされた人間がより高度の欲求充足のために，知性や関係性と経済的な価値を結びつけたことにあった．しかし，「人間が生存に必要な有用物を入手する営み」[1]という経済の本質は変わっておらず，自然資本がすべての資本の究極的な源泉であり，そこから他の資本が生み出されるという関係は普遍的である．

このような経済活動の本質と六つの資本を通じた価値創造の全体像を理解することにより，本節の冒頭で述べた，環境，社会，経済を重層的構造としてとらえることの意義が明らかになってくる．自然資本が分布する環境層が礎となり，その上に，人的資本を中核として知的資本と社会関係資本，および社会基盤たる製造資本を含む中間層としての社会が形成される．そして，秩序によって安定が保たれた社会という活動基盤があるからこそ，活動の効率性が高められ，資本の蓄積を加速しながら経済が発展，成長していくのである．

環境の破壊は，価値の究極の源泉である自然資本の減衰であり，持続可能性の脅威となる．そして，社会価値の毀損は，社会秩序の基盤たる相互信頼，すなわち社会関係資本の劣化であり，安定性にとっての脅威となる．そして，環境と社会は，経済がよって立つ下部構造であるがゆえに，環境価値と社会価値の喪失が経済の持続可能性や安定性の脅威となる．つまり，財務資本の持続的な創造には，六つの資本を考慮し，価値創造の全体像を視野に入れることが不可欠なのである．それが，本書で指摘されている「持続可能なレンズ」を通して見るべき価値の創造であろう．

1）神野直彦『経営学は悲しみを分かち合うために――私の原点』岩波書店，2018年，からの引用．

第3節　持続可能な資本主義における事業の目的と成功

本節では，事業の目的について筆者なりの考察を展開してみる．その第一歩として，事業と経済[2]は異なるという点を理解しておきたい．前節で，経済の本質とは，「自然から人間にとっての有用物を取り出すこと」にあり，それが，人間の欲求充足のための行為であることを確認した．事業も経済も，人間の欲求充足のための行為であるという点は同様だが，その違いは充足しようとする欲求の範囲にあると考えられる．この点は，アブラハム・マズロー（Abraham Maslow）が提唱した5段階の欲求を参照するとわかりやすい．

マズローの主張を要約すれば，人間の欲求は，①生理的欲求，②安全の欲求，③社会的欲求，④尊厳の欲求，⑤自己実現の欲求の5段階があり，低次から順に顕在化していき，いったん，それが満たされると高次の欲求が生じてくるということである．

現在の経済の主たる目的は，①生理的欲求，②安全の欲求の充足であるが，事業の目的は，①生理的欲求，②安全の欲求にとどまらず，③社会的欲求，④尊厳の欲求にも及ぶと考えられる．もちろん，経済の目的には，③社会的欲求や④尊厳の欲求の充足が含まれるとの見方もあろうが，それは，ある現象の中に，事業と経済という異なる要素が含まれていることを見落としているように思われる．経済は常に営利行為であるが，事業は営利行為であることもあれば，非営利で行われる場合もある．このような社会性の有無に着目すれば，経済の目的が，③社会的欲求より高次の欲求を直接的な対象としていないという主張も納得される

2）本節では，経済を狭義の意味で用いている．アリストテレスは生活を維持する技術をエコノミアと名づけ金儲けの技術をクレマティスティケと名づけている．経済学の語源は前者のエコノミアであるが，現在の経済学はクレマティスティケを重視しているとみる．また，エコノミーの翻訳語としての経済は，広く政治・行政全般を含意する経世済民を意味しており，日本人は経済と事業を一体のものとしてとらえていると考えられる．

であろう．

続いて，事業目的をどのように再定義するか，について考察する．先に述べたとおり，事業の目的は社会性という要素も含む人間の欲求全般の充足であり，これを端的に表現すれば，「事業の目的には社会福祉の追求も含まれる」ということができる．日本には，金儲けのためではなく，世のため人のために働くといった経営理念を掲げ，これを実践する企業は多くあり，このような企業においては事業の目的を再定義する必要はないかもしれない．しかし，環境と社会の衰弱が深刻化し既存の社会システムの限界が見え始めた現在，社会変革を主導する主体として，企業には大きな期待が寄せられている．現状の経営理念を踏まえつつ，より広い社会の目的に沿うように事業の目的を拡張的に再定義することは意味のある作業になると考えられる．

より広い社会の目的に沿うよう事業の目的を再定義するという考え方は，マイケル・ポーター（Michael Porter）とマーク・R・クラマー（Mark Kramer）による「競争優位のCSR戦略」および「共通価値の戦略」が提示した視点とも共通する．「競争優位のCSR戦略」では，企業と社会を対立関係にあるととらえるのではなく，企業と社会の相互依存関係に着目し，「企業の成功」と「公共の福祉」をゼロサムで考えないという視点の導入を提案している．そして，この新たな視点の導入により，事業とCSRとの一体化が可能となり，社会と企業にユニークかつインパクトの大きいメリットをもたらす活動に集中することが競争優位性の獲得につながるとしている．

「共通価値の戦略」では，経済価値を創造しながら，社会的ニーズに対応することで社会的価値も創造するというアプローチを提案しており，企業本来の目的は，たんなる利益ではなく，共通価値[3]の創出であ

3）共通価値の概念は，企業が事業を営む地域社会の経済条件や社会状況を改善しながら，自らの競争力を高める方針とその実行と定義できる．マイケル・ポーター＆マーク・R・クラマー『共通価値の戦略』（ダイヤモンド・ハーバード・ビジネス・ライブラリー）ダイヤモンド社，2001年，による．

ると再定義すべきである，としている．共通価値によって，企業の目を「正しい種類の利益」，すなわち社会的便益を減らすのではなく，創造する利益に向けることが重要であり，共通価値の創造は，社会的価値を創造することで経済価値も創造するという利己的な行為であるとしている．シュンペーターが経済の成長と発展の違いを指摘したのと同様に，企業と社会の関係性を考慮することにより，利益の中にも「正しい種類の利益」と「そうでない利益」があることを明らかにした点に意義がある．

共通価値の創造戦略は，利己的な行為として遂行されるものであり，現実の社会を良い方向に変えていくという意味において，実効性のある理に適った方法であろう．しかし，さらに踏み込んで指摘しておきたいことは，経済は自然や社会（いわゆるトリプルボトムライン）と同等に重要ではあるが，自然と社会に優先するものではない，ということである．先に述べたとおり，自然資本がすべての資本の究極的な源泉なのであることからも，当然である．

自然と社会を経済より優先する立場からは，企業の目的を共通価値の創造とする再定義では不十分だと言える．企業をたんなる経済主体ではなく，より本質的には事業主体であると再認識し，自然や社会と経済との序列を明らかにする形で，事業と企業の目的を再定義する必要があろう．

前節で述べたとおり，環境と社会が経済価値を生み出す活動の基盤であり，環境と社会の持続可能性が，システムとしての経済を持続可能とする前提である．そしていま，肥大化した経済活動が環境と社会を衰弱させたことで，経済の仕組みそのものが不安定となり，持続可能性への懸念が高まっている．つまり，長期的に見て，社会福祉の追求という事業目的の達成が困難な状況が出現しており，この新たな脅威への対処を事業の目的に明示的に加えることが必要となっていると言える．そして，新たな脅威とは，経済的利益の拡大を目的として，自己増殖と自己強化を続ける現行の経済を中心とした社会システムであり，自然の循環を逸脱し，生態系の一部である人間にとって，究極の価値源泉である自然資本の再生機構を破壊するような経済の営みのあり方である．

生態系の循環軌道に沿った社会福祉の追求が新たな事業の目的であり，これを一言で表現すれば，事業の目的は「地球との共生」である．それが本著者の述べている「地球の保全」につながるのものであると考える．

第4節　会計に求められる機能

会計は手段である．会計という行為自体が目的ではない．目的が変われば，手段の役割が変わるのは当然である．前節では，事業の目的を，経済的価値の最大化から地球との共生へと再定義すべきであると述べた．

では，地球と共生するための会計報告とはどのようなものであろうか？　その答えを見出せるものが，企業が価値創造の全体像を説明するために行う統合報告である．IIRCによる統合報告フレームワークは，基礎概念に，価値の多面性と資本の多様性を企業報告に取り込むことを提案している．価値と資本をめぐる歴史的な議論を最大公約数的にまとめあげ，環境と社会への配慮を財務報告と一体のものとして企業報告に取り込む枠組みを世界で最初に示したことがIIRCの大きな功績である．

IIRCによる統合報告フレームワークは，価値創造における組織内と組織外（他者）との関係性について，「財務資本提供者は，組織自身に対して創造される価値に関心を持っているが，他者に対して創造される価値が組織自身に対する価値を創造する能力に影響を与える場合，または財務資本提供者の評価に影響を及ぼす組織が表明した目的（例えば，明確な社会的目的）に関連する場合，他者に対して創造される価値にも関心を持つ」と説明している．つまり，他者に対する価値創造の結果は，短期的にはレピュテーションリスクとして，中長期的には外部性が規制等を通じて内部化されるリスクとして，企業価値に重大な影響を及ぼすことから，会計報告と一体的に説明されるべきであるという提案を行っている．

また，IIRCによる統合報告フレームワークは，六つの資本の概念も取り入れている．価値創造の源泉であり，同時に，価値の蓄積でもある資本は，その性質に従い，人的資本，製造資本，財務資本，知的資本，社会関係資本，自然資本の六つに分類されている．人的資本は人々の能力，経験や意欲であり，経営資源で言えばヒトに該当する．同様に，製品の生産またはサービス提供にあたって組織が利用できる製造物である製造資本はモノ，組織が製品を生産し，サービスを提供する際に利用可能な資金である財務資本はカネ，組織的な知識ベースの無形資産である知的資本は，その例示に知的財産権や組織の暗黙知が含まれていることから広義の知識[4]（データ，情報，情報に付加価値を伴う知識）であると解釈できる．これらは従来の経営学における経営資源であり，価値を生み出す資本として認識することにさほど違和感はない．IIRCのマルチ・キャピタル・モデルが革新的であるのは，従来の認識を超えて社会関係資本と自然資本にまで資本概念を拡張している点である．

IIRCの統合報告フレームワークにおいて，社会関係資本は，個々のコミュニティ，ステークホルダーグループ，その他のネットワーク間またはそれら内部の機関や関係，および個別的・集合的幸福を高めるために情報を共有する能力と定義されており，これには，共有された規範や価値観，組織が事業を営むことに対するソーシャルライセンス（社会的許諾）などが含まれる．また，自然資本は，組織の過去，現在，将来の成功の基礎となるモノ・サービスを提供するすべての再生可能および再生不可能な環境資源およびプロセスと定義され，水，鉱物や森林，生物

4）暗黙知に言及するナレッジ・マネジメントの定義によれば，対象を広義でとらえる場合には，データ，情報，知識，知恵を包括して取り扱う．特許などの知的財産権は，形式知としての知識の一形態である．

多様性などが含まれる．この定義と例示から明らかなように，六つの資本を考慮することにより，貨幣価値を中心に展開する経済という枠組みを飛び越えて，社会や環境価値の取り扱いを直接的かつ明示的に会計の機能に組み込むことが可能になる．そして，企業活動の副作用として自然と社会に生じる外部不経済が，規制などの形で顕在化する前に，それらに対処するように企業を促し，より早い段階から被害拡大を食い止めることを可能にするのである．

自然と社会が豊かであった時代の会計は，経済的な利益の最大化を目的とした意思決定を支援すれば，その役割を果たせていた．しかし，経済の安定性や持続可能性の脅威という問題を引き起こした社会システムを変革するには，本著者が指摘するとおり，社会と企業の持続可能性が不可分であり二つの目的を両立させる資本主義の確立が求められる．その実現には，自然資本と社会関係資本を報告の対象とし，環境と社会の価値変動を適切に映し出し，持続可能性に関する評価の根拠を提供できる会計が必要となる．会計機能の新たな定義は，「より広く社会の目的に適う長期的に最善となる意思決定を支援すること」だと言えよう．

補　章　2

持続的な価値創造のマネジメント

新名谷寛昌
Hiromasa Niinaya

第1節　はじめに

前章においては，社会と企業の持続可能性を両立させる資本主義を確立する必要性を再確認しそれを実現するためには，会計の役割を見直し，より広く社会の目的に適う長期的に最善となる意思決定を支援する新たな会計の考え方が不可欠であると述べた．しかし，それらの必要性を理解しただけでは，事態は進展しない．現実の企業活動，会計報告のどこをどのように変えていくべきなのか，具体的な行動を促すための方法が必要である．そこで本章では，環境的，社会的な要素の考慮を企業活動の統合に向けて，価値創造に重大な影響を及ぼす三つのプロセス，すなわち，戦略策定と資源配分，リスクマネジメント，インタンジブルズの管理に着目し，それぞれのプロセスにおいて，なぜ従来のやり方を変えなければならないのか，何を変えていくべきなのか，どのように変えていくことができるのか，についての方向性を提起するとともに，実務を改善していくための課題を明らかにしていく．そして最後に，持続可能な資本主義の実現に向けて，会計に求められる新たな機能と会計のプロフェッショナルが果たすべき役割について検討する．

第2節　戦略策定と資源配分

経済の発展に伴い，社会ではより多くの人々が豊かになった．しかし，企業活動の規模的，地理的な拡大は，自然環境の汚染と資源の消耗を加速し，経済的利益を過度に重視する傾向が労働安全衛生や人権侵害などの社会問題を惹き起こしている．社会的影響力の大きな企業は，同時に，大きな責任を有する者の義務として，その大きさに見合った行動を求められている．人口増加と資源枯渇は社会問題の深刻化を助長し，企業の社会的責任への圧力は高まり，これを無視することは企業の存続そのものに係る問題へと発展しうるようになった．環境や社会の犠牲の伴う経済的利益追求といった類の戦略は，もはや持続可能なものとは言えない．企業が果たすべき社会的責任は，環境と社会の双方の持続可能性に配慮することであり，外部のステークホルダーとの協力のもとに，環境と社会の価値を守るサステナビリティ戦略が求められている．そこでは，戦略策定と資源配分に環境と社会への配慮の統合が新たな論点となる．

企業には，財務資本とその他の資本はトレードオフ関係にあるとの前提のもとに，自らが存続するための戦略の遂行にとって必要最低限の社会的責任を果たすという選択もありうる．一方で，六つの資本の相互依存関係を理解し，適切な働きかけをすることにより，財務資本とその他の資本を同時に増やす方法を考案することも可能なのである．

前者では，経済的価値の追求と社会的責任の履行という相反関係の調整が可能であり，それが今後も維持できるとの前提においてのみ成り立つものであり，環境や社会的課題の深刻さを鑑みると，長期的には戦略が破綻をきたす可能性もある．つまり，戦略自体に持続可能性がないと言える．一方，後者では，企業による価値創造が社会の持続可能性に直接的に貢献するものとなり，社会の持続可能性と企業の持続可能性という両方の目的に適うものであるため，戦略自体が持続可能であり，長期的にも有利な選択であると言える．これが，共通価値の戦略や戦略的CSRと呼ばれるものなのである．

一方で，その他の資本の犠牲のもとで財務資本を増やすことは容易であるが，財務資本とその他の資本の増加を同時に達成する方法を見いだすのは，多くの場合に困難である．さらに，その実現には長い時間と多大な労力を必要とするだろう．つまり，理論的に持続可能な戦略が優位であるとしても，実際の策定と実行がただちに可能なわけではない．企業はステークホルダーの期待を無視することはできず，例えば，法制度上，経営者の選解任権限や経営上の重要事項に関する議決権を有する投資家から短期的業績への強い圧力がある場合には，経営者は不確実性の高い長期的投資に消極的になりがちとなる．

環境的および社会的要素の配慮を戦略策定にどう組み込むのか，また，長期的な投資の正当性についてステークホルダーの理解をいかに獲得するのか？　これらの課題を解決する一つの方法が，「統合報告の実際」において，ロバート・G・エクレス（Robert G. Eccles）とマイケル・P・クルズ（Michael P. Krzus）が提唱したサステナブル・バリュー・マトリクス（SVM : Sustainable Value Matrix）である（図1）．

SVMは，企業にとっての課題のマテリアリティを横軸に，社会にとっての課題の特筆性を縦軸に取り，企業と社会の双方の視点から2元的に課題を評価するものである．SVMは2軸に沿って，マテリアルな社会的課題，マテリアリティの高い課題，社会的重大課題，潜在的もしくは新たな課題という四つの部分にその大きさに応じて分割される．

マテリアルな社会的課題とマテリアリティの高い課題の領域は，企業が存続するために不可欠な価値創造戦略に関連している．また，マテリ

図1■サステナブル・バリュー・マトリクス

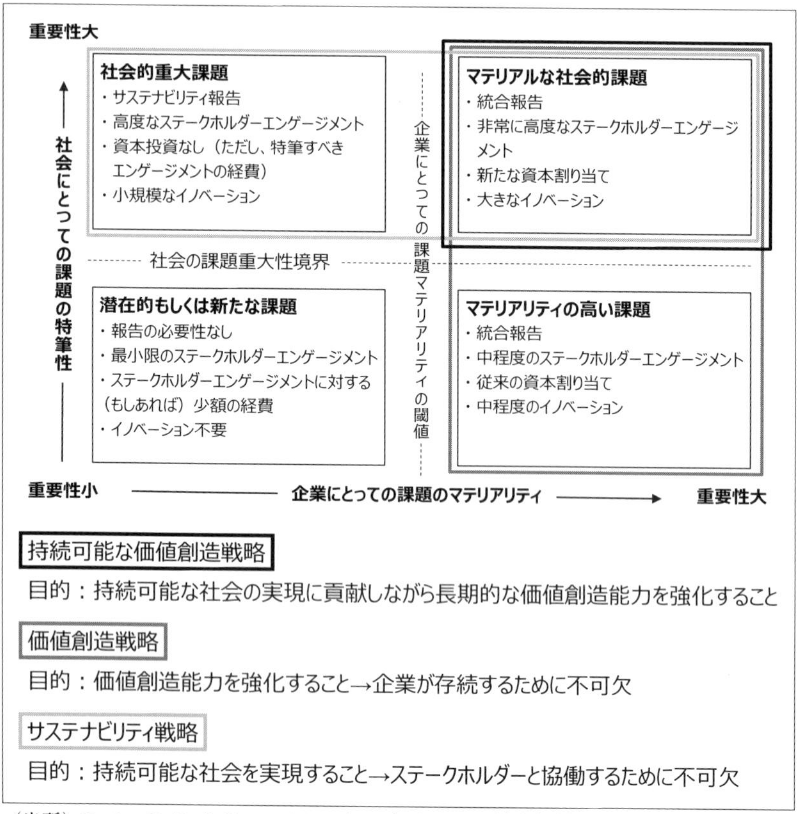

（出所）Eccles, R. G., & Krzus, M. P.（2010）をもとに筆者加筆・修正.

アルな社会的課題と社会的重大課題の領域は，持続可能な社会を実現するためステークホルダーと協働していくためのサステナビリティ戦略に関連しており，企業の社会的責任を含んでいる．価値創造戦略とサステナビリティ戦略の交差領域がマテリアルな社会的課題であり，ここに分布する課題が社会と企業の持続可能性に関連するマテリアルな課題であり，持続可能な戦略の焦点となる．

六つの資本とSVMの概念を理解することは，持続可能な戦略を策定するために不可欠なステップである．さらに，マテリアリティ評価に妥当性を持たせるには，SVMの結果について，ステークホルダーとのエンゲージメントが必要である．なぜならば，SVMを用いて対話することにより，企業は，ステークホルダーの正当な期待を理解し，社会にとっての課題の特筆性をより適切に判断できるようになる．同時に，ステークホルダーは，企業が不確実性の高い長期的な投資を行うことの合理性を理解できるようになる．

戦略策定と資源配分における課題は，サステナビリティ視点の導入とステークホルダーエンゲージメントによるマテリアリティ評価の深化なのである．

第3節　リスクマネジメント

いま企業の置かれている環境は，複雑性と不確実性に満ちあふれている．これらがもたらす曖昧で変化の激しい状況下で生き延びるためには，変化対応力や復元力を高める必要があろう．リスクマネジメントの高度化が，これらの能力の向上を可能にし，長期的な価値創造能力に不可欠な要素の一部となるのではないかと考えられる．

環境的，社会的な要素をリスクマネジメントに組み込むにあたっては，マクロとミクロ，それぞれのレベルで課題をあげることができる．

まず理解すべき点は，際限のない経済の膨張は環境汚染と資源枯渇の問題を発生させるということである．これは，地球全体が一つの生態系であるからこそ，自然環境の毀損はそれがよって立つところの社会，そして経済全体に影響が及ぶ構造的なリスクとなる．その特質として，影響の及ぶ範囲が広範なこと，そして顕在化するまでの時間が長いことがあげられる．影響の及ぶ範囲が広ければ，被害の想定は困難となる．そして，顕在化するまでの時間軸が長ければ，緊急性が低くなりがちになるであろう．ゆえに，リスクの重大性が見落とされやすいのである．

重大性を見落としがちなリスクの典型例として，気候変動リスクをあげることができる．TCFD（Task Force on Climate-related Financial Disclosure：気候関連財務情報開示タスクフォース）は，G20の下部組織である金融安定理事会により設置されたプロジェクトであり，気候変動リスクの財務的な影響について，企業が報告すべき事項を提案している．TCFDの最終報告書は，物理的リスクと移行リスクという2種類の気候変動リスクを特定している．物理的リスクとは，気候変動による物理的変化に伴うものであり，台風や洪水などの異常気象の激甚化による物理的な損害が発生する可能性である．リスクの性質や対処方法のイメージは湧きやすいと言える．

一方，移行リスクとは，低炭素経済への移行に伴うものであり，政策や法規制の変更や技術革新がビジネスモデルに与える影響のほか，消費者行動の変化が，製品・サービス市場や企業の評判に与える影響を含んでおり，リスクの性質や対処方法がイメージしにくい．なぜならば，財務的な業績の悪化が現実のものとなるのは，多くは遠い将来であり，その時期と程度を予測することは困難だからである．しかし，そのリスクは，時として短期的にも思わぬ形で顕在化することもある．例えば，機関投資家によるダイベストメント（投資資金の引き揚げ）は具体的な表れの一つと言えよう．2018年，日本でも相次いで大手生命保険会社が石炭関連事業への新規投融資の停止を発表しており，この背景には，移行リスクに対する認識の高まりがあるとみられている．ダイベストメントは，その対象となる企業にとっては財務的余裕の減少を意味するものであり，資金調達上の障害は企業の存続にかかわる重大問題ともなりうる．このように移行リスクの影響は，思わぬところにも波及する．

また，鉱物採掘のための重機を製造する企業の株価下落の一因として，石炭関連事業に対する見通しの悪化を指摘する声がある．株価変動の要因は，必ずしも単一の事象や事実認識と結びつけられるものではないが，その背景の洞察は，重大なリスクを看過しないためにも必要となってきている．

また，国際紛争，大量破壊兵器の脅威，難民問題など大規模な非自発的移住といった社会問題の根底には，資源枯渇への深刻な懸念がある．仮に，すべての人に対して，生存のために十分な資源と快適な生活環境へのアクセスが保証されている状態であるならば，そこで人々が争う理由は見当たらないはずだ．詰まるところ，自然資本をめぐる争奪戦が様々な社会現象として表出しているのである．

世界経済フォーラムが毎年公表する「グローバルリスク報告書」がある．ここで指摘される重大リスクは，全世界に共通のリスクであると認識する必要がある．グローバルにサプライチェーンの構築が進み，国や地域を横断する形で経済が密接に結合した結果，システム内のどこかで発生した問題は，同じシステム内の他の部分に影響を及ぼすのである．

わかりやすい例として，食料と水の危機があげられる．日本における生活では，水や食料に関して不自由を感じることはまずない．このため，食料と水の問題は新興国を中心とする他の地域特有の事象であり，自分との関係性を実感できないと考える人は多いかもしれない．しかし，農林水産省の発表による平成29年度食料需給表によれば，日本の主食用穀物自給率は59％であり，飼料用を含む穀物全体の自給率は28％である．つまり，食料の多くを輸入に依存している日本において，将来的な食料危機の深刻化が食料の安全供給に大きな影響を及ぼすことは想像に難くない事実なのである．水危機も紛争の起きている特定地域の問題としてとらえられがちであるが，仮想水[1)]を考えれば，世界的な水不足の問題がけっして他人事ではないことがわかるであろう．飲料水よりむしろ，農業や工業に利用される真水の不足が問題であり，サプライチェーン全体を俯瞰して水資源の確保を考える必要があるのである．

日本は，とうもろこしを中心とする飼料用穀物の調達を米国とオーストラリアに大きく依存している．これらの国で水不足が起これば，日本

1）食料輸入の際には，その食料生産に必要とされる水を間接的に輸入したものとしてとらえる考え方．

の畜産業ひいては食料調達に重大な影響を与える可能性があるのだ．2018年8月には，オーストラリア東部は過去50年で最悪の旱魃に見舞われ，現地の畜産農家は，飼料を他の地域から調達する必要に迫られた．例えばこうした状況が継続すれば，飼料用穀物の生産は逼迫し，オーストラリアの畜産農家は大きな打撃を受け，長期にわたってオーストラリア産食肉の供給能力は低下するであろう．さらに，米国からの飼料用穀物輸入で代替できないとなれば，日本国内の畜産農家にも大きな影響が生じることとなり，自給率はさらに低下することとなる．

このように環境のリスクと社会のリスクは複雑に絡み合い，マクロ経済の不安定化要因となっているのである．もはや，短期的な作戦レベル，小手先の戦術等の対応では不十分であり，より大局的，より包括的な戦略レベルの対応が必要となろう．

2017年9月に改訂された「COSO全社的リスクマネジメント－統合フレームワーク」からも，環境的および社会的な要素をリスクマネジメントへ統合する必要性が理解できる．改訂の背景には，世界経済フォーラムから毎年公表される「グローバルリスク報告」における重大リスクのプロファイルのうち，ESGに関連したものが中心的になってきており，また，ESGリスクへの対応に失敗し，財務的にも多額の損失が発生する事案が増えてきていることへの認識がある．さらに，企業リスクを評価する資本市場においては，ESG投資が主流化する傾向があり，ESG要素が企業価値評価における主要な検討事項であるとの社会的な共通認識が形成されつつあるからだ．リスクマネジメントにおいて，ESG要素を考慮することの是非は，もはや論点ですらない．全社的リスクマネジメントにESG要素をいかに統合できるのかという提案が求められてきたのである．「改訂COSO - ERM」は，その具体的な方法論の一つである．

緊急性が低く評価が困難であるという理由から，リスクの重大性の認識を誤らないようにし，あわせて有効な対処のための戦略策定とリスクマネジメントの統合度を高めることが，マクロレベルでのリスク対処における課題なのである．

環境破壊や社会問題の発生は，ミクロレベルの事業活動の様々な場面において観察される．工場廃棄物による公害の発生とそれに伴う賠償や，新たな規制の導入によるビジネスへの影響は，かねてより認識されている．サプライチェーンがグローバル化しても，局所的に生じるこれらの問題の背後にある論点は軽視すべきではない．パーム油の調達が代表的な事例である．違法伐採が引き起こす地域住民との衝突や生態系の破壊，搾取的労働による人権侵害などは，国際的にも大きな注目を集め，対策のための自主的規制にも進展が見られてきている．しかし日本では「対岸の火事」のようにとらえられ，危機感が共有されていないのではないだろうか．

インドネシアとマレーシアは世界的にも森林減少のスピードの速さが指摘されており，この両国の輸出相手国の第1位は日本である．もちろん，現行法の範囲内で適切に事業が行われている限り，2017年に日本で施行されたクリーンウッド法には罰則規定がない．このために，日本の違法伐採木材への対策の遅れを指摘する海外からの声や，違法伐採木材の対日輸出に警鐘を鳴らすNGOもある．

また，公害の原点とも言われた水俣病は，1956年に最初の症例が報告されたのだが，政府が発病と工場排水の因果関係を認めたのは1968年になってからであり，その発生から実に12年以上を要してしまっている．規制に従って事業を行っていても問題は発生するし，原因の究明に時間を費やしている間にも事態は悪化しているのだ．複雑で変化の激しい環境下では，規制は問題を後追いするのが精一杯であり，法令遵守はリスクマネジメントの必要条件であっても，十分条件ではない．

以上の例からも，これまで企業の主たる関心は経済的利益の追求であり，事業が環境や社会に及ぼす負の影響が大きくなっていることを自覚しつつも，実際のところ，規制で求められる以上の対応は積極的に行われてこなかったのではないかと推察される．これは，短期的な経済的利益の最大化が，企業に対して，最も期待されてきたとすれば，必然の結果ではある．また，「経済的便益」という範疇でしかステークホルダーとの関係を築いてこなかった企業に，環境や社会の問題を先取りし，対処するための知識と経験を求めることには困難もあったのかもしれない．

しかし，社会の持続可能性が危機に瀕している現在，環境と社会のリスクに正面から取り組むことを躊躇している余裕はない．むしろ，持続可能な戦略を構想し，環境と社会のリスクへ適切に対処することを通して，事業拡大の機会へと転換していく発想が必要である．そのためには，地域コミュニティやNGOといった，これまで関係を築いてこなかったステークホルダーとの協働を模索し，政府，大学の研究機関といった公的な組織とも協力しながら，リスクマネジメントを含む価値創造能力を強化する努力が求められる．

事業活動の現場で日々直面するリスクへの対処における課題は，環境および社会の課題に関するより深い知識を獲得するとともに，ビジネスに直接的には関連しないステークホルダーとも協働して価値創造能力を拡張し，いかに規制に先んじて対処していくのかという点である．

第4節　インタンジブルズの管理

知識経済社会においては，知的資本，社会関係資本などのインタンジブルズが価値創造の主たる源泉となる．新たな製品やサービスを生み出すのは従業員の創造性であり，製品やサービスの対価を支払うのは顧客である．顧客は製品やサービスを提供している組織への信頼に基づいた対価を支払うのであるから，従業員の創造性と顧客との関係性は，価値創造における中核的な要素となる．したがって，これら目に見えない（インタンジブル）の価値創造能力を維持・管理するプロセスの質が，企業の競争優位性を決定づける．

IIRCの統合報告フレームワークでは，知的資本は組織的な知識ベースのインタンジブルズであると定義され，特許や著作権などの知的財産権に加えて，暗黙知が組織資本として例示されている．知的財産権は法律上の権利であることから，物権として直接的に支配することができ，排他的な利用権として有形資産とほぼ同等の管理をすることが可能である．一方で，組織資本である暗黙知は，言語化されていない知識であり，形式知と同様の方法では共有することができない．そのため，OJTなどを通じて，非言語的なコミュニケーションと組み合わせて伝達するなど，暗黙知を組織内に維持するための特別な工夫が必要となる．そのうえで，暗黙知としての技術や実践的知識の定着度合いを，適切に評価するための手法や非財務的な測定指標の開発・導入が課題と言える．

社会関係資本は，個々のコミュニティ，ステークホルダーグループ，その他のネットワーク間，またはそれら内部の機関や関係性，および個別的・集合的幸福を高めるために情報を共有する能力であると定義され，共通の価値や行動，主要なステークホルダーとの関係性，ブランドおよびレピュテーションに関連するインタンジブルズなどが例示されている．社会関係資本の中核をなすのは企業の価値観であり，典型的には企業理念として表明されている．企業理念は自らの存在意義の確認であり，従業員の意欲的な活動の原動力となる．同時に，企業による価値観の表明は，これに賛同する顧客やステークホルダーが企業に信頼を置く基礎となる．それゆえに，企業理念に基づいた社会的な共通課題の解決に対するコミットメントの明示は，これを支持する従業員の生産性を高め，顧客からの信頼獲得につながるのである．

社会関係資本は，IIRCによるその定義と例示からも容易に推測できるように，曖昧で測定が困難である．そのため，管理対象とする資本の定義に始まり，その状態を測定，評価する手法の開発までの多くが，これまでの企業が経験したことのない新たな挑戦となる．しかし，困難な課題の解決を通じてこそ長期的な競争優位性の構築が可能となり，社会関係資本を強化し，管理手法の開発は持続的価値向上を志向する企業が避けて通ることのできない道である．この挑戦の助けとなるのが，2017年4月に持続可能な開発のための世界経済人会議（WBCSD：World Business Council for Sustainable Development）より公表されたソーシャル・キャピタル・プロトコル（Social Capital Protocol）[2)]である．

ソーシャル・キャピタル・プロトコルの目的は，ビジネス上の意思決定において，事業が社会に及ぼす影響への考慮を，付加的なものではなく中核的な要素とすることにある．そして，SDGsに代表される社会的目標の達成を目指すものなのである．純粋に企業の財務的価値創造能力を向上させるためのものではないが，社会の持続可能性と企業の持続可能性を両立させるための資本主義には必要な取り組みである．また，ビジネスを通じて社会課題の解決を目指すアプローチのためのツールであり，その利用にあたっては，戦略策定や事業運営に関する経験と知識に加え，社会課題に精通する専門家の経験と知識が不可欠な点に留意が必要である．

特定の社会関係資本の具体的な管理指標や測定方法の提示はないが，社会関係資本を特定し，測定・評価した結果に基づいて企業の行動を変革していくための12の手順について解説するとともに，先進的な企業の事例を紹介している．

知的資本と社会関係資本は，知識経済社会における主要な価値の源泉であるが，これらは人的資本を中心に形成される点に特徴がある．換言すれば，人的資本なしに，これらの資本は成立しない．そのため，知的資本と社会関係資本の維持管理は，人的資本の維持管理と不可分な関係にあり，知的資本，社会関係資本，人的資本の管理の仕組みは，それぞれ独立したものでなく，相互に整合的なものとして設計されるべきである．実現のためには，それぞれの資本と価値創造との関連性を明確にし

2）その後，Social Capital Protocolの開発は，WBCSDにより設立されたSocial & Human Capital Coalitionへと引き継がれている．

ておく必要がある．また，人的資本の評価についても，個人レベルではなく，組織全体として評価する指標の開発と導入が大切である．

組織全体としての人的資本の評価のあり方，および価値創造と人的資本との関係性について考える際の一つの手掛かりが投資家の視点となろう．2017年6月，機関投資家の連合組織である人的資本管理連合（Human Capital Management Coalition）は，米国証券取引委員会（SEC）に対して，人的資本に関連する詳細な情報の開示を企業に求める請願書を提出した．人的資本管理連合は，人的資本の状況を把握するために必要な九つの項目についての報告を求めている．従業員の属性（正社員，パート，契約社員等の数），雇用の安定性（離職率，内部雇用率），従業員の構成（多様性と賃金平等の方針および監査），従業員の技能と能力（研修，戦略との整合性），職場文化と権限委譲（従業員とのエンゲージメント，労働組合の状況），職場の安全と衛生（労災や労働損失率），労働生産性（人件費利益率，1人当たりの売上げ），人権へのコミットメントと実践（リスク評価方針やサプライヤーに対するデューデリジェンス），報酬とインセンティブ（役員を除く賞与の支給基準，インセンティブとそれがもたらすリスクの均衡）である．

上記のうちには，すでに企業によって管理がなされている項目も多いだろう．しかし，収集した情報を，ただ法令の順守状況の確認にのみ利用するという姿勢にとどまらず，価値創造の能力の改善にむけた指標として，定期的なモニタリングを行い，改善への積極的な取り組みにつなげることが，これからの課題である．

インタンジブルズの管理における課題を総括すれば，価値創造上の貢献を明らかにし，管理対象とすべき資本を特定するとともに，その測定および評価のための手法の開発・導入であると言える．

第5節　持続可能な資本主義のための会計

第2節から第4節にかけては，持続的な価値創造のマネジメントを目指すにあたって，環境と社会への配慮をビジネスプロセスの中核に統合するための課題を整理した．第5節では，与えられた課題を解決するために会計に求められる新たな機能とアカウンティングのプロフェッショナルが果たすべき役割について考える．

戦略策定と資源配分においては，サステナビリティ視点の導入とステークホルダーエンゲージメントによるマテリアリティ評価の深化の2点を課題として提示した．

1点目のサステナビリティ視点の導入は，六つの資本の概念に代表されるマルチ・キャピタル・モデルに基づいて，自然資本と社会関係資本の価値変動を明示的に考察することで，解決への道筋が拓けると考える．

2点目のステークホルダーエンゲージメントによるマテリアリティ評価の深化にあたっては，まず非財務情報を報告対象に含めることである．そして，マテリアリティ評価の改善には，ステークホルダーとの対話が有効となる．いまや，ステークホルダーの主たる関心事は，財務的成果ではなく，CO_2排出量などの環境パフォーマンスや搾取的な労働の撤廃や人権侵害の撲滅といった，事業が社会へもたらすアウトカムとなっているかもしれない．

リスクマネジメントにおける課題として，影響が広範かつ長期に及ぼす事象に対しては，リスクの重大性の適切な認識，そして戦略策定とリスクマネジメントの統合が必要である点を指摘した．投資家による企業価値評価の代表的な方法は，ディスカウント・キャッシュ・フロー（DCF）法である．その論理的構造は，戦略の理解に基づいて予想した将来業績を，リスクに応じて調整を加えたレートで割り引くというものであり，戦略上のリスクが財務的成果に及ぼす影響を定量化する方法である．このような財務理論を応用したリスク評価手法の開発により，戦略策定とリスクマネジメントの統合が進むと考えられる．

また，事業活動の現場で直面するリスクについては，環境および社会の課題に関するより深い知識の獲得と，ステークホルダーとの協働により規制に先んじた課題への対処という2点が大きいと指摘した．前者は，会計機能の改善により解決できる課題ではないが，環境および社会の課題に関するより深い知識の獲得がリスク評価の精度向上に貢献し，リスク定量化手法の開発等と融合することで，リスクマネジメント全般の質の向上に資するのである．この文脈における会計機能の改善は，むしろリスク定量化手法の開発を指している．

後者においては，環境や社会への影響を測定する機能の開発が，課題解決の鍵となる．ステークホルダーとの協働にあたり，有効性向上のために，環境や社会にもたらされた成果を測定し，取り組みの効果を振り返る必要がある．対話の質を高めるための共通言語となりうる測定と報告の枠組みは不可欠であろう．

インタンジブルズの管理における課題は，人的資本と社会関係資本を管理するプロセスの構築である．ここにおいても，PDCAサイクルの循環にむけた測定と報告の枠組みが求められてくる．すなわち，価値創造能力の向上のためにビジネスプロセスに投入する資本，およびアウトカムが資本に与える影響の測定のための非財務KPIの開発である．

これらを総括して考えると，持続可能な資本主義のために会計に求められているものは，価値創造能力に重大な影響を及ぼす非財務的要素について，その成果を測定し，財務的成果と結びつけて報告するための枠組みであろうと考える．

それを踏まえて，本著者の主張に沿って，日本のアカウンティング・プロフェッショナル変革の必要性について考えてみたい．

本書『SDGs・ESGを導くCVO（チーフ・バリュー・オフィサー）』の翻訳にあたり，「アカウンティング」という言葉の訳には多くの工夫がいった．「会計」としてしまうと原書におけるアカウンティングの意味するところを正確にはとらえておらず，むしろ，アカウンティングの本来の意味を矮小化し，誤った理解に導くのではないかとの危惧がある．一般的に会計は，「計算の辻褄が合う」ということしか表現していないからだ．

辞書を引いても，アカウンティング（Accounting）には，簿記会計およびその分析と報告，財務報告などの意味しかない．しかし，アカウント（Account）には，「an explanatory statement of conduct, value, importance, estimation, judgment」といった意味が含まれている．そこには，価値創造戦略を遂行していくうえで不可欠な事項と，これらに関連する見積や判断の結果についての説明責任という語感を読み取ることができる．その観点から，投資家による企業価値評価の代表的な方法であるディスカウント・キャッシュ・フロー（DCF）法は，将来の価値や時間軸を考慮するという点において，従来の財務会計にはない機能を備えている．

会計を文字どおり複式簿記であると解釈するかぎり，過去の財務情報の世界から抜け出すことはできない．現時点において，CFOは会計と財務の双方に精通した実務家であり，企業になくてはならない存在だと理解されている．しかし，本書における著者の主張は，財務資本しか扱わないCFOでは不十分であり，六つの資本を同等に俯瞰し，企業とそのステークホルダーの相関関係を社会資本の観点から考慮する企業の変革者たるチーフ・バリュー・オフィサー（CVO）が求められているというものである．

これからのアカウンティングのプロフェッショナルは，コンプライアンスのために会計報告を行う者であってはならない．財務理論を応用し，財務的な業績向上を追求する者でもない．会計と財務のプロフェッショナルであると同時に，世界を俯瞰し，社会にとって意味のあるアウトカムを実現するため，企業の変革を支援するための方法を自ら創造する者であることを社会から期待されているのである．

日本は経済大国である．2017年度のGDPは，米国，中国に次ぐ第3位である．また，日本は社会福祉大国でもある．Social Progress Imperative[3)]が公表する2018年のSocial Progress Indexでは，総合得点では第6位だが，福祉の基盤では第1位，基礎的福祉の充実では第2位である．

加えて，日本は災害大国でもある．国土面積は世界の約0.3%にすぎないが，マグニチュード6以上の地震の2割が日本で発生し，活火山の1割が日本に集中している．国土の7割は崩落しやすい地質で構成された山岳地帯であり，河川は急勾配で洪水を起こしやすい地形である．過去30年においては，毎年2.7個の台風が上陸している．

日本は，自然災害が最も多い国でありながら，社会福祉と経済力が充実しているという，世界でも類のない国なのである．別の見方をすれば，現時点において，環境的，社会的，経済的価値すべての創造に成功している国だと言えるかもしれない．もしそれが，日本人が六つの資本を調和させる方法に通じていることの必然的な結果であるとするならば，日本には潜在的なCVOが多く存在していると考えたい．

原著書に啓発され，自らに課せられた使命を自覚し，持続可能な資本主義の確立に向け企業の変革を促す真のアカウンティング・プロフェッショナルが一人でも多く誕生することを切に願う次第である．

3）政策立案における優先事項を決定するための環境および社会の健全性に関する情報を提供する国際的な非営利組織である．

結論と提言

Concluding Discussion and Recommendations

本書は，コーポレートガバナンス，企業レポーティングおよびサステナビリティの問題を新たな視点で取り上げている．「エージェンシー理論」や「株主所有権」など，古くからある概念が，今日のビジネス環境下においては，いかに時代遅れで，適切性を欠いたものであるかを本書は論じている．株主は，レスポンシビリティと権限を有するが，企業の「本当の」所有者ではない．企業そのものに能力はなく，権力もない．取締役会とステークホルダーが，企業に対するレスポンシビリティを持つことが求められているのである．変容を遂げる世界には，気候変動，地球温暖化，貧困や富の不平等の増大，干ばつ，飢饉，種の絶滅の危機といった重大な転換点が訪れている．企業が「株主の富の最大化」のみに関心を持ち，自然環境，労働者の権利や保護，サプライヤーのケア，健康と安全，自らを含む種の存続などを犠牲にしてまで，利益を最大化することは，もはや適切な行為ではない．ステークホルダーとの適切なエンゲージメントを通じて，公正で平等な対話を促す必要がある．ステークホルダー・リレーションシップ・オフィサーを企業に導入することで，ステークホルダーとの関係強化が促進され，企業価値の向上にも繋がるはずである．ステークホルダーの懸念は，効果的かつ包括的な対話を通じて初めて適切に対処され，企業もそれらの懸念を認識し，理解することができる．ステークホルダーの関心に対する包括的な配慮は，今日の世界で企業のレピュテーションを確立し，企業価値を維持，向上させるためには必要不可欠である．

財務的な短期のリターンだけを考慮し，伝統的な財務理論と短期的な株主価値を追求すれば，今後の数十年間のうちに，必ずや災難が訪れるであろう．財務価値に関連する範囲でESGの要素を考慮する「賢明な株主価値」の概念であっても，「地球を救う」には不十分である．会計の専門家および会計が関連する業界に従事する者へのトレーニングには，サステナビリティ，気候変動，炭素会計（Carbon Accounting），温室効果ガス排出に関する報告，および絶滅会計（Extinction Accounting）といった課題を取り入れる必要がある．統合報告は，これらのあらゆる問題に対する解決策を提供する．統合報告書は，企業が影響を及ぼし，影響を受けるすべてのマテリアルな社会的，環境的および経済的課題について報告するための理想的な手段である．企業がステークホルダーに対して，偽ることのないアカウンタビリティを受けとめ，最終的に，地球環境の保護につなげていくためには，統合的思考の推進が不可欠である．統合報告は，SDGs，GRI原則，六つの資本，SASBのスタンダード，種の絶滅を防ぐ企業の取り組みなど，関連する情報とその開示に理想的な「拠り所」を提供する．チーフ・バリュー・オフィサーのコンセプトを導入することで，六つの資本を通じて企業価値を最大化する企業の取り組みが強化され，会計の専門家に「地球を救う」手段を提供する．チーフ・バリュー・オフィサーは，21世紀の多様で危険で不透明な，多層多面の万華鏡のような複雑な世界で，企業を確実に導いていくことであろう．

参考文献

References

ACCA (Association of Chartered Certified Accountants) (2013) *Accountants and Strategic Leadership.*
http://www.accaglobal.com/content/dam/acca/global/PDF-technical/other-PDFs/Accountants-Strategic-Leadership.pdf

ACCA (Association of Chartered Certified Accountants) & A4S (Accounting for Sustainability) (2014) Sustainability and Business: The Next Ten Years. ACCA Students' Views on Sustainability.
http://www.accaglobal.com/content/dam/acca/global/PDF-technical/sustainability-reporting/presentation-sustainability-and-business-the-next-10-years.pdf

ASSC (Accounting Standards Steering Committee) (1975) *The Corporate Report*, London: Author.

Arkins, J. F., & Atkins, B. (eds.) (2016) *The Business of Bees: An Integrated Approach to Bee Decline and Corporate Responsibility*, Sheffield, UK: Greenleaf.

Arkins, J. F., & Atkins, B. (eds.) (2017) *Around the World in 80 Species: Exploring the Business of Extinction*, Sheffield, UK: Routledge.

Atkins, J. F., Gräbsch, C., & Jones, M. J. (2014) "Biodiversity Reporting: Exploring its Anthropocentric Nature," in M. J. Jones (ed.) *Accounting for Biodiversity*, Abingdon, UK: Routhledge.

Atkins, J. F., & Maroun, W. (2014) South African Institutional Investors' Perceptions of Integrated Reporting, London: ACCA (Association of Chartered Certified Accountants).

Atkins, J. F., Maroun, W., Barone, E., & Atkins, B. C. (2018) "From the Big Five to the Big Four? Exploring Extinction Accounting for the Rhinoceros?" (Paper Presented at University of Dundees' Staff Seminar Series, in September 2015) *Accounting, Auditing & Accountability Journal*, Vol. 31, Issue 2.

Atkinson, G., & Pearce, D. (1995) "Measuring Sustainable Development," in D. W. Bromley (ed.) *Handbook of Environmental Economics*, pp. 166–182, Oxford, UK: Blackwell.

Barone, E., Ranamagar, N., & Solomon, J. F. (2013) "A Habermasian Mdel of Stakeholder (Non) engagement and Corporate (Ir) responsibility

Reporting," *Accounting Forum*, Vol. 37, No. 3, pp. 163-181.

Berle, A., & Means, G. (1932) *The Modern Corporation and Private Property*, New York: Transaction Publishers.

Butler, S., & Kollewe, J. (2016, 25 August) "More Shareholders Criticize Sports Direct's Corporate Governance: L&G and Aberdeen Asset Management Join Investor Forum in Calling for Plan of Action to Rebuild Confidence in Retailer," *The Guardian online*.

Camfferman, K., & Zeff, S. (2003) "The Apotheosis of Holding Company Accounting: Unilever's Financial Reporting Innovations from the 1920s to the 1940s," *Accounting, Business & Financial History*, Vol. 13, No. 2, pp. 171-206.

Carl, D. M., & Nguyen, H. (2012, 23 March) "California Benefit Corporations: Installing a Corporate Conscience, Interview with John Montgomery," *UC Davis Business Law Journal*.
http://blj.ucdavis.edu/archives/vol-11-no-1/interview-john-montgomery.html

Carney, M. (2015, 29 September) "Breaking the Tragedy of the Horizon: Climate Change and Financial Stability," Lloyd's of Londonにおけるスピーチ.

Chartered Institute of Public Relations (2015) *Integrated Report 2015*, UK.
https://www.cipr.co.uk/sites/default/files/Final%20interactive%20IR%202015.pdf

CIMA (Chartered Institute of Management Accountants), IFAC (International Federation of Accountants), EY & Natural Capital Coalition (2014) *Accounting for Natural Capital: The Elephant in the Boardroom*, London: Chartered Institute of Management Accountants.

Collison, D., Cross, S., Ferguson, J., Power, D., & Stevenson, L. (2011) "Shareholder Primacy in UK Corporate Law: An Exploration of the Rationale and Evidence," *ACCA Research Report*, 125, London: Certified Accountants Educational Trust.

Corporate Governance Committee (1992) *Report of the Committee on the Financial Aspects of Corporate Governance: The Code of Best Practice* (通称：*Cadbury Report*), London: Gee Professional Publishing.

Cree, R. (2016, 2 March) "Amir Dossal: History Man, Economia."
https://economia.icaew.com/features/march-2016/amir-dossal-winner-of-icaews-outstanding-achievement-award

Crown Estate (2015/2016) *The Crown Estate Annual Report*.

https://www.gov.uk/government/uploads/system/uploads/attachment_data/file/537945/crown_estate_annual_report_.pdf

Department of Trade and Industry (2002) "Modernising Company Law White Paper," London: The Stationery Office. 貿易産業担当大臣より議会に提出(2002年7月).

Eccles, R. G., & Krzus, M. P. (2010) *One Report: Integrated Reporting for a Sustainable Strategy*, Hoboken, New Jersey: John Wiley & Sons (花堂靖仁監訳/ワンレポート日本語版委員会訳『ワンレポート――統合報告が拓く持続可能な社会と企業』東洋経済新報社, 2012年).

Freeman, E. (1984) *Strategic Management: A Stakeholder Approach*, Boston, MA: Pitman Press.

Friedman, M. (1970, 13 September) "The Social Responsibility of Business Is to Increase its Profits," *New York Times Magazine*. Reprinted in T. L. Beauchamp & N. Bowie (1988) *Ethical Theory and Business*, pp. 87-91, Englewood Cliffs, NJ: Prentice Hall.

Furlong, H. (2016, 1 July) "How SABMiller Is Furthering the SDGs to Help the World 'Prosper' Sustainable Brands."
http://www.sustainablebrands.com/news_and_views/brand_innovation/hannah_furlong/how_sabmiller_furthering_sdgs_help_world_prosper

Gallhofer, S., & Haslam, J. (2003) *Accounting and Emancipation: Some Critical Interventions*, London: Routledge.

Gallhofer, S., Haslam, J., & Yonekura, A. (2015) "Accounting as Differentiated Universal for Emancipatory Praxis," *Accounting, Auditing & Accountability Journal*, Vol. 28, No. 5, pp. 846-874.

General Electric (2015) *Integrated Summary Report*, United States.
http://www.ge.com/ar2015/assets/pdf/GE_AR15_Integrated_Summary_Report.pdf

Global Sustain (2015, 3 August) Sri Lanka Latest Country to See Economic Benefit of Integrated Reporting.
http://globalsustain.org/en/story/10647

Goedhart, M., Koller, T., & Wessels, D. (2015, March) *The Real Business of Business Is Business*, MaKinsey & Co.
http://www.mckinsey.com/business-functions/strategy-and-corporate-finance/our-insights/the-real-business-of-business

Guthrie, L. (2016) *Mapping the Sustainability Reporting Landscape: Lost in the Right Direction*, London: Association of Chartered Certified Accountants and Climate Disclosure Standards Board.

Habermas, J.（2001）On the Pragmatics of Social Interaction: Preliminary Studies in the Theory of Communicative Action,（B. Fultner, trans.）Cambridge, UK: Polity Press（Original works published 1984）.

Haldan, A.（2016）"Who Owns a Company?" University of Edinburgh Corporate Finance Conferenceにおけるスピーチ（2015年5月22日）. https://www.bankofengland.co.uk/speech/2015/who-owns-a-company

Haldan, A.（2016）"The Gread Divide." New City Agenda Annual Dinnerにおけるスピーチ（2016年5月18日）. https://www.bankofengland.co.uk/speech/2016/the-great-divide

Hayhow, D. B., Burns, F., Eaton, M. A., Al Fulaij, N., August, T. A., Babey, L., Gregory, R. D.（2016）*State of Nature*, Sandy, UK: The State of Nature Partnership.

Hebb, T., Hawley, J., Hoepner, A., Neher, A. & Wood, D.（2015）*The Routledge Companion to Responsible Investment*, Abingdon, UK: Routledge.

Hodnett, D.（2013, Dec./2014, January）"Integrated Reporting: The Role of the CFO," *Accountancy SA*.

ICGN（International Corporate Governance Network）（2014）Global Governance Principles（4th ed.）, London: Author.

IFAC（International Federation of Accountants）（2016）*Creating Value with Integrated Thinking: The Role of Professional Accountants*, New York: Author. https://www.ifac.org/publications-resources/creating-value-integrated-thinking

IFAC（International Federation of Accountants）, CIMA（Chartered Institute of Management Accountants）, & PwC（2013）Business Model: Background Paper for <IR>, International Integrated Reporting Council. http://integratedreporting.org/wp-content/uploads/2013/03/Business_Model.pdf

Institute of Directors in Southern Africa（2011）CRISA: Code for Responsible Investing in South Africa, Johannesburg: Author.

IIRC（International Integrated Reporting Council）（2013）The International <IR> Framework（国際統合報告評議会『国際統合報告――〈IR〉フレームワーク』）. http://integratedreporting.org/wp-content/uploads/2013/12/13-12-08-THE-INTERNATIONAL-IR-FRAMEWORK-2-1.pdf

Jansson, A., Hammer, M., Folke, C., & Costanza, R.（eds.）（1994）*Investing In Natural Capital: The Ecological Economics Approach to Sustainability*,

Washington, DC: Island Press.

Jensen, M. C., & Meckling, W. H. (1976) "Theory of the Firm: Managerial Behavior, Agency Costs and Ownership Structure," *Journal of Financial Economics*, Vol. 3, pp. 305-360.

Jones, M. J., & Solomon, J. F. (2013) "Problematising Accounting for Biodiversity," *Accounting, Auditing & Accountability Journal*, Vol. 26, No. 5, pp. 668-687.

King Committee on corporate Governance (King I) (1994) *The King Report on Corporate Governance*, Parktown, South Africa: Institute of Directors in Southern Africa（八田進二・橋本尚・町田祥弘訳『南アフリカ・キング委員会報告書 コーポレート・ガバナンス』白桃書房，2001年）.

King Committee on corporate Governance (King II) (2002) *The King Report on Corporate Governance for South Africa*, Parktown, South Africa: Institute of Directors in Southern Africa.

King Committee on corporate Governance (King III) (2009) *The King Report on Corporate Governance for South Africa*, Parktown, South Africa: Institute of Directors in Southern Africa.

KPMG (2001) *KPMG International Survey of Corporate Responsibility Reporting*, Amstelveen, Netherlands: KPMG International.

Lev, B., & Gu, F. (2016) *The End of Accounting and the Path Forward for Investors and Managers*, Hoboken, New Jersey: John Wiley & Sons（伊藤邦雄監訳『会計の再生――21世紀の投資家・経営者のための対話革命』中央経済社，2018年）.

Nature Capital Coalition (2016) Natural Capital Protocol.
https://www.naturalcapitalcoalition.org/protocol

Peters, S., & Allen, J. (2016, 10 February) "Investors too Need to Be more Rigorous [Letter]," *The Financial Times*.

Polman, P. (2015, 21 September) "Paul Polman Interview with Business Green."
https://www.businessgreen.com/bg/interview/2427463/paul-polman-on-the-sdgs-it-is-the-responsibility-of-business-to-promote-sustainability

Porter, M., & Kramer, M. R. (2011) "Creating Shared Value," *Harvard Business Review*, Vol. 89, No. 1/2, pp. 62-77（「共通価値の戦略」『DIAMONDハーバード・ビジネス・レビュー』2011年6月号）.

PwC (2016) PwC's 19th Annual Global CEO Survey: What's on the Minds of over 1400 COEs around the World?
http://www.pwc.com/gx/en/ceo-agenda/ceosurvey/2016.html

Ross, S. (1973) "The Economic Theory of Agency: The Principal's Problem," *American Economic Review*, Vol. 63, pp. 134-139.

Sanford International (2015) *Salt in Our Veins: Sanford Annual Report*, New Zealand.
http://www.sanford.co.nz/assets/announcements/SAN044-AR-2015-WEB_spreads.pdf

Sikka, P. (2016) "Debunking the Myth of Shareholder Ownership of Companies," Henly Business School, Henly Centre for Governance, Accountability & Responsible Investment, 第3回GARI conference (2016年4月18日-20日) における発表論文.

Solomon, J. (2013) *Corporate Governance and Accountability* (4th ed.), Hoboken, New Jersey: John Wiley & Sons.

Standard Bank (2015) *Annual Integrated Report*, South Africa.
http://reporting.standardbank.com/downloads/SBG_FY15_Annual%20integrated%20report.pdf

Sun International (2016) *2016 Integrated Annual Report*, South Africa.
http://suninternational.onlinereport.co.za

Tomorrow's Company (2014) Tomorrow's Business Success: Using Integrated Reporting to Help Create Value and Effectively Tell the Full Story. Center for Tomorrow's Company, London: CIMA, IIRCによる委託／共同出資.

Turner, M. (2016, 2 February) "Here Is the Letter the World's Largest Investor, BlackRock CEO Larry Fink, just sent to CEOs everywhere," Business Insider UK.
http://uk.businessinsider.com/blackrock-ceo-larry-fink-letter-to-sp-500-ceos-2016-2

UN (2015, 13-16 July) *Outcome Document of the Third International Conference on Financing for Development (FfD3) Addis Ababa Agenda Action.*
http://www.un.org/ga/search/view_doc.asp?symbol=A/CONF.227/L.1

UN, Department of Economic and Social Affairs (2015) World Population Prospects: The 2015 Revision, New York: United Nations.

Walker Review (2009) *A Review of Corporate Governance in UK Banks and Other Financial Industry Entities: Final Recommendations*, London: Walker Review Secretariat.

原著者紹介

About the Authors

マーヴィン・キング (Mervyn King)

マーヴィン・キング博士は，南アフリカ共和国の最高裁判所の前裁判官であり，現在は上級顧問でもある．コーポレート・シティズンシップに関わる領域での，University of South Africaの名誉教授，Universities of Pretoria and Cape Townの名誉教授，Rhodes大学の客員教授を務めている．

University of Witwatersrand and Leedsから名誉法学博士号が授与されており，コーポレートガバナンスにおける南アフリカのキング委員会議長を務め，キングレポートの第1号，第2号，第3号を発行した．また，南アフリカの取締役協会（Institute of Directions）における初代副総裁でもあった．国際統合報告評議会（IIRC）名誉議長，Global Reporting Initiative（GRI）名誉議長，コーポレートガバナンスにおける世界銀行への民間諮問グループのメンバーも務めている．国連ガバナンス監視委員会の議長を歴任し，広告規制局の総裁の任に15年間あった．

ロンドン，ルクセンブルク，ヨハネスブルグ証券取引所に上場する企業の議長，取締役，チーフエグゼクティブに就任している．法律，ビジネス，広告，サステナビリティ，コーポレートガバナンスに関するコンサルティング，アドバイザリー，講演を60以上の国々で行っている．また，世界中の国際機関より様々な賞を授与されている．ガバナンス，サステナビリティ，レポーティングに関する3つの著書を執筆しており，国際的な裁定者，仲介者ともいえる地位にある．

ジル・アトキンス (Jill Atkins)

ジル・アトキンス氏は，Sheffield University Management School，University of Sheffieldの財務会計領域における教授である．また，University of the Witwatersrandの客員教授でもある．Henley Business SchoolとKing's College Londonに教授として就任していた．

研究領域は，責任投資，ステークホルダーアカウンタビリティ，社会的会計，統合報告書，コーポレートガバナンスと多岐にわたっている．British Accounting & Finance Associationのコーポレートガバナンス分科会の議長を務めており，アカデミック，企業，投資家コミュニティーからガバナンススペシャリストを招いた会議体を主宰している．

訳者・執筆者紹介

〈訳・編著者〉

KPMGジャパン 統合報告センター・オブ・エクセレンス（CoE）

統合報告に代表されるより良い企業報告（Better Business Reporting）に対する要請の高まりに対応するため，2012年に，KPMGジャパンの主なメンバーファームを横断して組成された．KPMGが長年にわたり，企業の情報開示のあり方について続けてきた研究や，実務経験を活かしながら，企業報告の高度化への貢献を通じて，資本市場の信頼性と透明性，そして，企業と資本市場とのより良いコミュニケーション実現に資することを目的としている．

KPMGジャパン

KPMGの日本におけるメンバーファームの総称であり，監査・保証，税務，アドバイザリーの3つの分野にわたる7つのプロフェッショナルファームに約8,000名の人員を擁する．クライアントが抱える経営課題に対して，各分野のプロフェッショナルが専門的知識やスキルを活かして連携し，またKPMGのグローバルネットワークも活用しながら，価値あるサービスを提供している．日本におけるメンバーファームは以下のとおり．

有限責任 あずさ監査法人，KPMG税理士法人，KPMGコンサルティング株式会社，株式会社 KPMG FAS，KPMGあずさサステナビリティ株式会社，KPMGヘルスケアジャパン株式会社，KPMG社会保険労務士法人．

〈各部補章執筆者〉

北川 哲雄（きたがわ　てつお）――第Ⅰ部 補章

青山学院大学名誉教授・首都大学東京経営学研究科特任教授，博士（経済学：中央大学）．

早稲田大学商学部卒業，同大学大学院修士課程修了，中央大学大学院博士課程修了．株式会社野村総合研究所，モルガン信託銀行（現・JPモルガン・アセット・マネジメント）にてリサーチャー・アナリストを経験の後，2005年より青山学院大学大学院国際マネジメント研究科教授，2019年より現職．主要著書：『アナリストのための企業分析と資本市場』（東洋経済新報社，2000年），『資本市場ネットワーク論――IR・アナリスト・ガバナンス』（文眞堂，2007年），主要共著・編著：『証券アナリストのための企業分析（第4版）』（東洋経済新報社，2013年），『スチュワードシップとコーポレートガバナンス――2つのコードが変える日本の企業・経済・社会』（東洋経済新報社，2015年），『ガバナンス革命の新たなロードマップ――２つのコードの高度化による企業価値向上の実現』（東洋経済新報社，2017年），『バックキャスト思考とSDGs／ESG投資』（同文舘出版，2019年），『サステナブル経営と資本市場』（日本経済新聞出版社，2019年）など．

芝坂 佳子（しばさか よしこ）―――統括／第Ⅱ部 補章

有限責任 あずさ監査法人 パートナー．

東京エレクトロン株式会社を経て，アーサーアンダーセン（現・有限責任 あずさ監査法人）入所．その後，ビジネスコンサルティング部門に異動しナレッジマネジメントの実践・推進や各種プロジェクトに従事．現在は，KPMGジャパン統合報告及びコーポレートガバナンス センター・オブ・エクセレンス（CoE）のメンバーとして，知識経済社会における企業経営上の課題，特にビジネスレポーティングやコミュニケーションに関わる調査研究，提言等を行っている．共著：『ガバナンス革命の新たなロードマップ』（東洋経済新報社，2017年），『社会が選ぶ企業』（日本経済新聞出版社，2018年），『バックキャスト思考とSDGs/ESG投資』（同文舘出版，2019年），共訳：『ワンレポート――統合報告が開く持続可能な社会と企業』（東洋経済新報社，2012年），『統合報告の実際――未来を拓くコーポレートコミュニケーション』（日本経済新聞出版社，2015年）．明治大学政治経済学部卒業．青山学院大学国際政治経済学研究科国際ビジネス専攻（国際経済学）修士課程修了（修士）．青山学院大学国際マネジメント研究科博士課程（DBA）在籍中．

新名谷 寛昌（にいなや ひろまさ）―――第Ⅲ部 補章

有限責任 あずさ監査法人 パートナー 公認会計士．

1999年，朝日監査法人（現・有限責任 あずさ監査法人）に入所し，国内上場企業の財務諸表監査を中心に，財務デューデリジェンス，IFRS導入支援，統合報告書作成支援など，幅広く財務関連アドバイザリーサービスを担当．2007年より，日本公認会計士協会経営研究調査会委員として，知的資産に係る情報開示の研究に従事．現在は，同協会統合報告専門部会委員として，統合報告書の調査研究を担当しているほか，KPMGジャパン統合報告CoEのメンバーとして，企業価値向上のためのマネジメントやディスクロージャー及び保証の在り方に関する調査研究，提言等を行っている．共訳：『統合報告の実際――未来を拓くコーポレートコミュニケーション』（日本経済新聞出版社，2015年），共著：『社会が選ぶ企業』（日本経済新聞出版社，2018年）．

〈各部訳者〉

藪前 弘（やぶまえ ひろし）――第Ⅰ部

有限責任 あずさ監査法人 シニアマネジャー 公認会計士．

2006年，有限責任 あずさ監査法人に入所し，国内上場企業の財務諸表監査を中心に，財務デューデリジェンス，IFRS導入支援など，幅広く財務関連アドバイザリーサービスを担当するほか，KPMGジャパンコーポレートガバナンスCoEメンバーとして，調査研究活動にも従事している．

高橋 範江（たかはし のりえ）――第Ⅱ部

有限責任 あずさ監査法人 パートナー 米国公認会計士．

朝日監査法人（現・有限責任 あずさ監査法人）に入所し，米国および国内上場企業の財務諸表監査，外資系企業の財務諸表監査，US-SOXアドバイザリー，財務デューデリジェンスなどを経験．監査業務に従事する傍ら，2013年よりKPMGジャパン統合報告CoEに参画し，国内外の関連組織とのネットワーク構築や調査研究を行っている．2015年からは，国際統合報告評議会（IIRC）の日本事務局として，日本の企業とステークホルダーの建設的な対話の促進を目指し，統合報告の認知と普及に努めている．共訳：『統合報告の実際――未来を拓くコーポレートコミュニケーション』（日本経済新聞出版社，2015年）．

橋本 純佳（はしもと すみか）――第Ⅲ部

有限責任 あずさ監査法人 シニアマネジャー．

大手コンサルティングファームを経て，2006年，KPMGビジネスアシュアランス株式会社（現・有限責任 あずさ監査法人）に入社．内部監査支援，システム監査支援を担当した後，業務プロセス改善等のアドバイザリー業務等に従事．2012年より，KPMGジャパン統合報告アドバイザリーグループ（現・KPMGジャパン統合報告CoE）に設立メンバーとして参画し，統合報告に関する調査研究等に従事しながら，企業の統合報告書作成の構想立案支援などを行っている．現在は，KPMGジャパンコーポレートガバナンスCoEサポートメンバーも務め，2018年からはAsian Corporate Governance Association（ACGA）にも関わり，日本リサーチを担当する．共訳：『統合報告の実際――未来を拓くコーポレートコミュニケーション』（日本経済新聞出版社，2015年），共著：『社会が選ぶ企業』（日本経済新聞出版社，2018年）．

SDGs・ESGを導くCVO（チーフ・バリュー・オフィサー）
次世代CFOの要件

2019年6月13日発行

著　者――マーヴィン・キング
協　力――ジル・アトキンス
訳・編著――KPMGジャパン 統合報告センター・オブ・エクセレンス
発行者――駒橋憲一
発行所――東洋経済新報社
〒103-8345 東京都中央区日本橋本石町1-2-1
電話＝東洋経済コールセンター 03(5605)7021
https://toyokeizai.net/

装丁・DTP……藤原印刷
印　刷…………藤原印刷
製　本…………東京美術紙工
編集担当………村瀬裕己

Printed in Japan　ISBN 978-4-492-60227-0